U0022910

林繼富
劉秀美　主編
民俗與民間文學叢書

# 中國古代機智人物故事選

祁連休、馮志華　編選

秀威資訊・台北

# 前言

機智人物故事是世界各國民間故事中一個頗為引人注目的門類。這一門類的民間故事，是由一個特定的富有智慧的故事主角貫穿起來的故事群的總稱。這些故事群的主角都機捷多謀，詼諧善謔，敢於傲視權貴，常以機智的手段調侃、播弄，懲治邪惡勢力，扶危濟困，並且嘲諷各種愚昧落後的現象，為民眾津津樂道。各國各民族的機智人物故事，儘管內容比較龐雜，瑕瑜並存，但大多數作品是積極的、健康的。它們大都以寫實手法再現社會生活，富有喜劇色彩，蘊含著人民群眾的幽默感，洋溢著笑的樂趣，具有一定的社會意義和美學價值。

中國機智人物故事源遠流長，蘊藏極其豐富。迄今已在漢族和四十多個少數民族中發現了近千個機智人物故事群。中國機智人物故事，早在兩千多年前就已開始出現。晏子可以視為中國機智人物的鼻祖。如果說現當代是中國機智人物故事發展的鼎盛時期的話，從春秋時期至清代末年這個漫長的歷史階段，則是中國機智人物故事發展的古典時期。在這個古典時期，湧現了晏子、東方朔、侯白、黃幡綽、劉貢父、蘇東坡、解縉、唐伯虎、劉墉、紀曉嵐等一批有影響的古代機智人物故事群的主角。

中國古代機智人物故事的主角，大都有生活原型，而非出自藝術虛構。這些故事主角，可以分為三類：一，官宦型機智人物，包括晏子、淳于髡、艾子、東方朔、諸葛恪、石動筩、石中立、劉貢父、蘇東坡、解縉、劉墉、紀曉嵐等；二，文人型機智人物，包括侯白、唐伯虎、祝枝山、鄭堂、楊南峰、翟永齡、袁丹叔、安士敏等；三，俳優型機智人物，包括優孟、優旃、黃幡綽、敬新磨、阿醜等。當然，以上的分類，只是一個大致劃分。因為不少人物是兼有官宦與文人兩重身份的，譬如，蘇東坡既是北宋大臣，又是北宋的文學家、書畫家；又如，紀曉嵐既是清代大臣，又是清代的學者、文學家。

本書共挑選了先秦至清末二十五個機智人物的一百三十多篇趣聞逸事，藉以展示出中國古代機智人物故事的基本面貌。為了便於一般讀者閱讀、欣賞，我們既提供作品的白話文譯文，又附上作品的原文，還加上若干簡要的註釋。希望讀者通過這本書能夠增進對中國古代機智人物故事的瞭解，並且獲得欣賞民間故事的樂趣。

# 目次

# 晏子的故事

晏子係中國古代民間故事中最早的一位機智人物，屬於官宦類型，可視為中國機智人物的鼻祖。其原型晏嬰（前？至前五〇〇），字平仲（一說謚平仲，又說平為謚，仲為字），春秋齊夷維（今山東高密）人。其父晏弱死後，繼任齊卿，歷仕靈公、莊公，後為景公時宰相，名顯諸侯。其趣聞逸事主要涉及兩個方面，一為外交活動，一為宮廷諷諫，見於《晏子春秋》以及漢韓嬰撰《韓詩外傳》、漢劉向撰《說苑》、宋李昉等編《太平廣記》、宋周文玘撰《開顏錄》、明郭子章輯《諧語》、明樂天大笑生纂集《解慍編》、明馮夢龍輯《廣笑府》、明馮夢龍編纂《古今譚概》、近人吳個廠撰《笑話大觀》等都載有晏子的趣聞逸事。

## 晏子使楚

晏子作為齊國的使臣出使楚國的時候，楚國人因為晏子身材矮小，便在宮殿的大門旁邊開了一道小門來迎接晏子，以此來羞辱他。

晏子一看，立刻停下腳步，不往前走，並且說道：「我假如出使狗國的話，就從狗門進去。如今我出使楚國，不應當從這一道門進去。」

迎賓者無言以對，只好變更道路，請晏子從大門進去拜見楚王。

楚王一見晏子，便問：「齊國難道就沒有人嗎？」

晏子回答道：「齊國的都城臨淄大得很，成千上萬戶人家。人們只要張開袍袖，就能夠遮住一片天空，人們只要揮灑汗水，立刻就像下雨一樣。城裏面人來人往擁擠得很，彼此摩肩接踵，挨在一起。怎麼說齊國沒有人呢！」

楚王問道：「既然如此，齊國為什麼派你來當使臣呢？」

晏子回答道：「齊國派使臣各有安排，有賢德的人，派去出使有賢德君王的國家，沒有德行的人，就派去出使無賢德君王的國家。晏嬰我最沒有德行，因而便派到楚國來了。」

【原文】

晏子使楚，以晏子短，楚人為小門於大門之側而延晏子。晏子不入，曰：「使狗國者，從狗門入；今臣使楚，不當從此門入。」儐者更道從大門入。見楚王，王曰：「齊無人邪？」晏子對曰：「臨淄[1]三百閭，張袂成陰，揮汗成雨，比肩繼踵而在，何為無人？」王曰：「然則子何為使乎？」晏子對曰：「齊命使，各有所主，其賢者使使賢王，不肖者使使不肖王。嬰最不肖，故直使楚矣。」

《晏子春秋・內篇雜下》

【註釋】

1 臨淄：古邑名，在今山東省淄博市西北。

## 橘與枳

晏子出使楚國，將要達到的時候，楚王對左右的臣屬說：「晏嬰可是齊國的一個精通各國使節應對辭令的人。他如今到我們楚國來，我打算羞辱他一番，你們看看如何對付他？」

臣屬們回答道：「倘若他來了，臣等捆綁一個人到大王面前，大王就問：『這是什麼人？』我們就回答：『是齊國人。』大王問道：『他犯了什麼罪？』我們回答：『犯了盜竊罪。』我們倒要看看他晏嬰如何下臺！」

晏子達到楚國後，楚王設宴款待，賜酒給晏子喝。飲到興頭上的時候，忽然有兩個官吏捆綁一個人到楚王面前，楚王忙問：「這是什麼人，犯了什麼罪？」

兩個官吏回答道：「他是齊國人，犯了盜竊罪。」

楚王看了看晏子，說道：「齊國人生來就會偷盜嗎？」

晏子離開席位，回答道：「晏嬰我聽說，橘子生長在淮河以南就是味道甜美的甘橘，生長在淮河以北就為味道酸苦的枸橘。它們的葉子看起來相似，而果實的味道卻大不相同。這是什麼原因呢？水土各不相同的緣故。而此人生長在齊國並不偷盜，到了楚國就行竊，難道不是因為楚國的水土使其善於盜竊嗎？」

楚王聽了晏子的一番話，笑道：「聖人是不可以與他開玩笑的呀。如今寡人反而自取其辱啊！」

【原文】

晏子將至楚，楚聞之，謂左右曰：「晏嬰，齊之習辭者也，今方來，吾欲辱之，何以也？」左右對曰：「為其來也，臣請縛一人，過王而行，王曰：『何為者也？』對曰：『齊人也。』王曰：『何坐？』曰：『坐盜。』」晏子至，楚王賜晏子酒，酒酣，吏二縛一人詣王，王曰：「縛者曷為者也？」對曰：「齊人也，坐盜。」王視晏子曰：「齊人固善盜乎？」晏子避席對曰：「嬰聞之，橘生淮南則為橘，生於淮北則為枳[1]，葉徒相似，其實味不同。所以然者何？水土異也。今民生長於齊不盜，入楚則盜，得無楚之水土使民善盜邪？」王笑曰：「聖人非所與熙也，寡人反取病焉。」

《晏子春秋・內篇雜下》

【註釋】

1 枳（音同紙）：亦稱「枸橘」、「臭橘」。其漿果球形，黃綠色，味道酸苦。

## 燭雛亡鳥

齊景公喜歡玩用繩子拴著箭來射鳥的遊戲。他讓燭雛來掌管宮中鳥，卻讓鳥給逃跑了。齊景公十分憤怒，一氣之下，就要殺燭雛。

這時，晏子上前對齊景公說道：「陛下，燭雛的確有罪，請讓微臣一一列舉他的罪狀，然後再殺他不遲。」

齊景公點頭說：「可以。」

於是，晏子就把燭雛叫來，在齊景公的面前列數他的罪狀，說道：「燭雛！你替陛下管鳥，卻把鳥丟了，這是你的第一條罪狀；你讓陛下因為鳥而殺人，這是你的第二條罪狀；你讓諸侯聽到這件事，認為我們的陛下重視鳥而輕視士人，這是你的第三條罪狀。」

晏子列數完燭雛的罪狀之後，就請求齊景公把他殺了。

齊景公忙說：「停下來！」於是不殺燭雛，讓這件事過去啦。

**【原文】**

景公[1]好弋，使燭雛主鳥而亡之，景公怒而欲殺之。晏子曰：「燭雛有罪，請數之以其罪，乃殺之。」景公曰：「可。」於是乃召燭雛數之景公前，曰：「汝為吾君主鳥而亡之，是一罪也；使吾君以鳥之故殺人，是二罪也；使諸侯聞之，以吾君重鳥而輕士，是三罪也。」數燭雛罪已畢，請殺之。景公曰：「止。」勿殺而謝之。

漢劉向撰《說苑》卷九《正諫》

**【註釋】**

1 齊景公（？至前四九〇）：春秋時齊國君王，西元前五四七至前四九〇年在位。

# 馬圉免死

齊景公有一匹馬，被養馬人給殺死了。齊景公無比憤怒，當即舉起長矛要親自擊殺此人。

這時，晏子過來對齊景公說道：「陛下，可不能讓這個人不知道自己的罪過就不明不白地死去啊！請讓微臣來列舉他的罪狀吧，好讓他知道自己的罪過，死得明明白白的。」

齊景公點點頭說：「好吧。」

於是，晏子舉起長矛走到養馬人身旁，說道：「你替陛下養馬，卻把馬殺了，罪當被處死；你使陛下因為養馬的緣故而殺養馬人，罪也當死；你使陛下因為馬殺人而聞於四鄰的諸侯，你罪又當死！」

齊景公聽了，忙說：「夫子，快放了他吧！千萬不要因為這件事而有損於我推行的仁政啊！」

## 【原文】

景公有馬，其圉[1]人殺之，公怒，援戈將自擊之。晏子曰：「此不知其罪而死，臣請為君數之，令知其罪而殺之。」公曰：「諾。」晏子舉戈而臨之曰：「汝為吾君養馬而殺之，而罪當死；汝使吾君以馬之故殺圉人，而罪又當死；汝使吾君以馬故殺人，聞於四鄰諸侯，汝罪又當死。」公曰：「夫子釋之，夫子釋之，勿傷吾仁也。」

漢劉向撰《說苑》卷九《正諫》

【註釋】

1 圉（音同語）：養馬；亦指養馬的奴隸。

## 支解人

齊景公的時候，有一個老百姓犯了罪。齊景公怒不可遏。當官吏把這個人綁到金殿下後，齊景公立即命令左右割去他的四肢——把他支解了。

晏子當時在場。他用左手抓住這個人的頭，用右手舉著刀，問眾臣道：「請諸位告訴我，古代的賢明君王是從什麼地方開始支解人的？」

齊景公聞言，立即離開座位說道：「快把這個人放了吧！」

【原文】

齊景公時，民有得罪者。公怒，縛至殿下，召左右支解之。晏子左手持頭，右手持刀而問曰：「古明主支解人，從何支始？」景公離席曰：「縱之！」

明馮夢龍編纂《古今譚概》微詞部三十

# 佯問與佯對

齊景公問：「東海的棗樹華而不實，是什麼原因？」
晏子回答道：「秦穆公曾經用黃布包裹棗子，到海上把布包投進海水中，因此華而實。」
齊景公說：「我是假意問你的。」
晏子回答道：「假意的問話，就應當假意對答。」

## 【原文】

齊景公問：「東海棗華而不實，何也？」晏子曰：「秦穆公黃布裹棗，至海上而投其布，故華之不實。」公曰：「吾佯問耳。」對曰：「佯問者，亦當佯對。」

明馮夢龍編纂《古今譚概》機警部第二十三

# 優孟的故事

優孟係中國古代民間故事中的一位俳優[1]型機智人物。其原型優孟是春秋時期楚國的俳優。他多辯，擅長滑稽，常常以談笑諷諫楚莊王。有關他的趣聞、逸事現存二則，見於《史記・滑稽列傳》、明樂天大笑生纂集《解慍編》、明馮夢龍輯《廣笑府》、近人楊汝泉編纂《滑稽故事類編》等亦有記載。

【註釋】

1 俳（音同排）優：古代以樂舞諧戲為業的藝人。

## 葬馬於人腹腸

楚莊王有一匹特別喜愛的馬，穿的是繡了文飾的衣服，住在華麗的房舍裏面，身下安放的是沒有帷蓋的床鋪，吃的是棗脯一類的美食。這匹馬因為過於肥胖而病死了。楚莊王傳旨讓群臣為牠舉辦喪事，準備按大夫的禮儀用棺槨安葬牠。楚莊王左右的臣屬起來爭辯，都認為這樣做使不得。

楚莊王下令說：「如有敢為馬的葬禮進諫的，一律處死！」

優孟聽說這件事後，趕快來到宮殿門口，仰望天空放聲大哭。楚莊王聽到哭聲大吃一驚，忙問優孟為什麼在哭。

優孟回答道：「這一匹馬乃是君王您的心愛之物，像楚國這樣的堂堂大國，實在不容易找到。用大夫的禮儀來安葬牠，太菲薄啦，我請求用君王的禮儀來安葬牠。」

楚莊王問道：「那麼，你講講該如何辦？」

優孟說道：「微臣請求用雕玉做棺，用刻有花紋的梓木為槨，用黃楩木、楓香木、樟木做題湊，派遣甲卒來鑿通墓穴，叫老弱病殘者去揹土，讓齊國、趙國派人來在前面的兩側陪位，讓韓國、魏國派人來在後面的兩翼護衛。日後，還要讓這一匹馬的亡靈在廟中享受牛、羊、豬三牲齊全的祭祀，給這座廟以萬戶城邑的收入。各諸侯國聽到這個消息，沒有不知道大王您是如此輕視人而重視馬啊。」

楚莊王聽了優孟的這一番話後，忙說：「寡人的過錯竟到了這一步田地啦！難道就沒有辦法嗎？」

優孟回答道：「請讓我替大王安排一個『六畜的葬禮』吧：用壟灶來做槨，用圓口紋的梓木為槨，用圓口、三空心足的炊器——銅曆做棺，放上薑、大棗，墊上木蘭，以糧稻來做祭品，用火光來做馬的衣裳[1]，然後把牠埋葬於眾人的腹腸裏面。」

於是，楚莊王便把這一匹馬託付給掌管皇上飲食、宴會的官員——太官處置，不讓天下人總是聽到有關這件事的傳聞。

## 【原文】

楚莊王[1]之時，有所愛馬，衣以文繡，置之華屋之下，席以露床，啖以棗脯。馬病肥死，使群臣喪之，欲以棺槨大夫禮葬之。左右爭之，以為不可。王下令曰：「有敢以馬諫者，罪至死！」優孟聞之，入殿門，仰天大哭。

王驚而問其故。優孟曰：「馬者王之所愛也，以楚國堂堂之大，何求不得，而以大夫禮葬之，薄。請以人君禮葬之。」王曰：「何如？」對曰：「臣請以雕玉為棺，文梓為槨，楩、楓、豫章為題湊[2]，發甲卒為穿壙，老弱負土，齊、趙陪位於前，韓、魏翼衛其後，廟食太牢[3]，奉以萬戶之邑。諸侯聞之，皆知大王賤人而貴馬也。」王曰：「寡人之過一至此乎！為之奈何？」優孟曰：「請為大王六畜葬之。以壟灶為槨，銅曆為棺，齎以薑棗，薦以木蘭，祭以糧稻，衣以火光，葬之以人腹腸。」於是王乃使以馬屬太官[4]，無令天下久聞也。

漢司馬遷撰《史記・滑稽列傳》

【註釋】

1 楚莊王（？至前五九一）：春秋時楚國君王，西元前六一三至前五九一年在位。

2 題湊：槨室用厚木累積而成，最上面為題湊。

3 廟食太牢：在廟中享受牛、羊、豕三牲全備的祭祀。

4 太官：掌管皇帝飲食宴會之官。

## 優孟衣冠

楚相孫叔敖知道優孟不是一個一般的藝人，而是個賢人，平時就對他很好。

孫叔敖病重將要撒手人寰的時候，叮囑他的兒子道：「我死了，你必然貧困起來。你可以去見優孟，說自己是孫叔敖的兒子。」

孫叔敖去世以後幾年，他的兒子生活貧困，在揹柴去賣時，碰到了優孟，因而對優孟說道：「我是孫叔敖的兒子。家父將去世時，囑咐我貧困之時前來見您。」

優孟說道：「你不要出遠門到別的地方去啊。」

優孟隨即穿上孫叔敖的衣服，戴上孫叔敖的帽子，模仿孫叔敖的聲音笑貌、動作態度。過一年多光景，就很像孫叔敖了，連楚莊王和他身邊的人都分辨不出來。

有一天，楚莊王擺設酒宴，優孟扮成孫叔敖前去祝壽。楚莊王大吃一驚，以為孫叔敖死而復生了，打算讓他當宰相。

優孟說道：「請讓我回去同夫人商量商量，三天後再任命宰相。」楚莊王當下便同意了。

三天以後，優孟又來了。

楚莊王問他：「你說的『婦人之言』是什麼意思？」

優孟回答道：「意思是千萬不要幹，楚相是沒有什麼可幹的。譬如孫叔敖做了宰相，竭盡忠誠，廉潔奉公，努力治理楚國，讓楚王得以稱霸。可是如今他死了，他的兒子卻貧困而無立錐之地，不得不靠賣柴禾來糊口。假若像孫叔敖這樣，不如自殺算了。」

楚莊王聽了這一番話，深有感觸。他謝過優孟之後，便召見孫叔敖的兒子，給了他寢丘[2]的四百戶封地，以此來供奉對孫叔敖的祭祀。

## 【原文】

楚相孫叔敖[1]知其賢也，善待之。病且死，屬其子曰：「我死，汝必貧困。若往見優孟，言我孫叔敖也。」居數年，其子貧困負薪，逢優孟，與言曰：「我，孫叔敖之子也。父且死時，屬我貧困往優孟。」優孟曰：「若無遠有所之。」即為孫叔敖衣冠，抵掌談語[2]。歲餘，像孫叔敖，楚莊王及左右不能別也。莊王置酒，優孟前為壽。莊王大驚，以為孫叔敖復生也。欲以為相。優孟曰：「請歸與婦計之，三日而為相。」莊王許之。三日後，優孟復來。王曰：「婦言謂何？」孟曰：「婦言慎無，楚相不足為也。如孫叔敖之為楚相，盡忠為廉以治楚，楚王得以霸。今死，其子無立錐之地，貧困負薪以自飲食。必如孫叔敖，不如自殺。」……

於是莊王謝優孟，乃召叔敖子封之寢丘[3]四百戶，以奉其祀。

漢司馬遷撰《史記・滑稽列傳》

【註釋】

1 孫叔敖：春秋期思（今河南淮濱東南）人，楚莊王的賢相。

2 抵掌談語：伸手指畫，從容談笑。即模仿孫叔敖言談舉止。

3 寢丘：古邑名，在今河南省沈丘縣東南。楚莊王封孫叔敖於此。

# 淳于髡的故事

淳于髡係中國古代民間故事中的一位官宦型機智人物。其原型淳于髡，戰國齊稷下人，曾仕於齊威王、齊宣王和梁惠王之朝。他乃齊之贅婿，以滑稽多辯著稱。其人的趣聞逸事現存四則，見於《史記・滑稽列傳》[1]，近人楊汝泉編纂《滑稽故事類編》等亦有記載。

【註釋】

1 其中的《奮兵而出》、《持狹望奢》、《罷長夜之飲》見於司馬遷撰《史記・滑稽列傳》三章；《赴楚獻鵠》見於褚少孫增補的滑稽故事六章，附益於司馬遷原著三章之後。

## 奮兵而出

淳于髡是齊國的女婿，身高不滿七尺，滑稽而善於辯論，多次代表齊國出使中央政權分封的各諸侯國，未曾受到過屈辱。

齊威王很喜歡玩猜隱語的遊戲，喜歡整夜整夜地飲酒和尋歡作樂，竟置政事不顧，把治理國家的大事交給公卿大夫去辦理。因此，百官荒廢，雜亂無章，各諸侯國聯合起來侵犯齊國，使得齊國危在旦夕。而左右臣屬都不敢向齊威王進言規勸。

這時候，淳于髡前來說隱語讓齊威王猜：「國中有一隻大鳥，止於大王的庭前，三年不飛不鳴，請問大王知道這是什麼鳥嗎？」

齊威王說：「這隻鳥不飛罷了，一飛沖天；不鳴罷了，一鳴驚人。」

於是，齊威王立即召集各縣令長七十二人，獎勵其中的一人，誅殺其中的一人，激勵將士，奮起而出擊。各諸侯國無不感到震驚，紛紛向齊國歸還先前被侵佔的土地，再也不敢輕舉妄動了。

## 【原文】

淳于髡者，齊之贅婿也。長不滿七尺，滑稽多辯，數使諸侯，未嘗屈辱。齊威王之時喜隱，好為淫樂長夜之飲，沉湎不治，委政卿大夫。百官荒亂，諸侯並侵，國且危亡，在於旦暮。左右莫敢諫。淳于髡說之於隱曰：「國中有大鳥，止王之庭，三年不蜚又不鳴，王知此鳥何也？」王曰：「此鳥不飛則已，一飛沖天；不鳴則已，一鳴驚人。」於是乃朝諸縣令長七十二人，賞一人，誅一人，奮兵而出。諸侯振驚，皆還齊侵地。

漢司馬遷撰《史記・滑稽列傳》

## 持狹望奢

齊威王八年的時候，楚國出動大量的兵力進犯齊國，齊威王派遣淳于髡為使臣，前往趙國請求救兵，送去一百斤黃金、十乘駕四匹馬的車。淳于髡仰天大笑，使得帽子上面的纓索都斷了。

齊威王問道：「難道說先生認為送去的禮物少了嗎？」

淳于髡回答說：「哪敢，哪敢！」

齊威王說：「你如此大笑，不是有道理的嗎？」

淳于髡說：「今日微臣從東方來的時候，看見道旁邊有一個人在田間祈禱豐收。他拿了一塊豬蹄，一盂酒，口中念念有詞地說：『祝願這一塊狹小的高地收成好，讓穀物裝滿竹籠；祝願這一塊易於積水的劣田長出好莊稼，收穫把車子裝得滿滿的；祝願五穀豐登，家中的糧食囤滿倉房。』微臣見到此人拿的供品非常少，所希望得到的東西卻非常多，故而發笑。」

齊威王聽了，頗有感悟。於是將送給趙國的禮物增加為黃金千溢、白璧十雙、百乘駕四匹馬的車。

淳于髡向齊威王辭行後，到了趙國。趙王見到淳于髡，十分高興，當即派出十萬精兵、千乘戰車前去支援齊國。楚國得到這個消息，便連夜領兵回去了。

### 【原文】

威王八年，楚大發兵加齊。齊王使淳于髡之趙請救兵，齎金百斤、車馬十駟[1]。淳于髡仰天大笑，冠纓索絕。

王曰：「先生少之乎？」髡曰：「何敢。」王曰：「笑豈有說乎？」髡曰：「今者臣從東方來，見道傍有禳田者，操一豚蹄，酒一盂，祝曰：『甌窶滿篝[2]，汙邪滿車[3]。五穀蕃熟，穰穰滿家。』臣見其所持者狹而所欲者奢，故笑之。」於是齊威王乃益齎黃金千溢[4]、白璧十雙、車馬百駟。髡辭而行，至趙。趙王與之精兵十萬、革車千乘。楚聞之，夜引兵而去。

漢司馬遷撰《史記・滑稽列傳》

## 【註釋】

1 駟：即乘，古代稱四匹馬駕一輛戰車為一乘。

2 甌窶滿篝：狹小高地有好收成，穀物滿竹籠。

3 汙邪滿車：在易於積水的劣田裏出產的莊稼裝滿車。

4 溢：古代金二十四兩為一溢。

# 艾子的故事

艾子係中國古代民間故事中的一位官宦型機智人物，出自藝術虛構。其趣聞逸事，是在戰國時期的歷史背景下展開的。從作品的描寫來看，其人係齊宣王身邊的一位大臣，滑稽多智。但是，有關艾子的趣聞逸事，出現在宋、明時期，見於傳宋蘇軾撰《東坡居士艾子雜說》、明陸灼撰《艾子後語》、明樂天大笑生纂集《解慍編》、近人楊汝泉編纂《滑稽故事類編》等。

## 妙諷築城

有一天，齊王臨朝，對各位侍臣說道：「我國處在幾個強國之間，年年都忙於應對，苦不堪言。如今，寡人打算調集年輕力壯的人修築大城，自東海起，綿延四千里，以便同周圍的國家隔絕，使秦國不得窺視我們西邊的疆土，楚國不得對我們南邊的疆土不懷好意，韓國、魏國不得在左右兩邊要脅我國，這豈不是對我們非常有利的大好事嗎？如今老百姓築城雖然免不了勞苦，可是，以後卻不再有遠征戍邊、受到侵犯掠奪的憂慮，可以得到永遠的安寧。老百姓一旦聽到寡人所發布的命令，哪個不興高采烈地跑來參加築城呢！」

艾子聽了，便說道：「陛下，今天早上下大雪，微臣趕來上朝，看見道路兩旁有老百姓光著身子，凍僵在地，望著天空歌唱。微臣感到奇怪，便問他為何如此，他回答道：『大雪應時紛紛落下，明年就能夠吃到廉價的麥子了，讓人喜悅，但是今年我卻要凍死啦！』正如今天築城，老百姓卻不知道何人能夠享受永遠的安寧？」

【原文】

齊王一日臨朝，顧謂侍臣曰：「吾國介於數強國間，歲苦支備，今欲調丁壯，築大城，自東海起連，即目經大行，接轘轅，下武關，逶迤四千里，與諸國隔絕，使秦不得窺吾西，楚不得竊吾南，韓、魏不得持吾之左右，豈不大利邪？今百姓築城，雖有少勞，而異日不復有征戍侵虞之患，可以永逸矣；聞吾下令，孰不欣躍而來耶？」艾子對曰：「今旦大雪，臣趨朝，見路側有民，裸露僵踣，望天而歌。臣怪之，問其故。答曰：『大雪應候，且喜明年人食賤麥，我即今年凍死矣。』正如今日築城，百姓不知享永逸者在何人也。」

傳宋蘇軾撰《東坡居士艾子雜說》

## 王法

齊大夫郗石父因為謀反，被齊宣王誅殺了，還準備滅其九族。

郗石父家族的人很多，就聚集在一起商量：「其他人進言，君王未必會採納，艾先生能言善辯，又得到君王的信任，只有他講話管用。為何不去請他幫忙呢！」

郗石父家族的人都到艾子的庭院去跪拜，痛哭流涕地請求艾子幫忙。

艾子笑著說道：「這件事不難，諸位只要送一根繩子來，立刻就可以免除災禍。」

郗家人以為艾子講的是句玩笑話，也不敢追問，只好回去把繩子取來。於是，艾子懷揣了三尺繩索，去見齊宣王。

行過君臣之禮，艾子說道：「郗石父包藏禍心，大王將他處死後陳屍於市是理所當然的。但幹壞事的僅僅是郗石父一個人，他的宗族並沒有罪過，可是大王您卻要把他們統統殺掉，這可不是仁君的心腸啊！」

齊宣王說：「這不是寡人的意思。先王定的律條有明確的規定，《政典》寫道：『與叛變者同一宗族的人殺無赦。』因此，寡人不敢隨意曲解律條而赦免他們有損於先王之法。」

艾子叩頭，然後說道：「微臣也知道大王是不得已而為之。我聽到這樣一個故事：早些年公子巫在邯鄲投降了秦國，難道他不是大王一母所生的胞弟嗎？拿這個律條來講的話，大王也是叛臣的同族，理應跟著受誅。微臣這兒有三尺長的短繩，斗膽獻給侍奉在大王左右的人，請求大王即日自殺，不要愛惜自己的生命而有損先王之法。」

齊宣王忍不住笑了，便起身說：「先生不要講了，寡人赦免他們就是啦。」

## 【原文】

齊大夫郗石父謀叛，宣王[1]誅之，欲滅其族。郗之族大，以相聚而謀曰：「他人之言，王必不內，惟艾先生辨而有寵，盍往祈焉。」舉族拜于艾子之庭，涕泗以請。艾子笑曰：「是不難，諸公但具一繩來，立可免禍。」郗氏以為戲言，亦不敢詰，退而索綯以饋。艾子懷其三尺以見王曰：「郗石父包藏禍心，王肆[2]諸市當矣；然為之者，石父一人耳，其宗族何辜，而王欲盡殲之，無乃非仁君之用心乎？」宣王曰：「此非寡人意也，先王之律有明訓也，《政典》曰：『與叛同宗者無可赦。』是以寡人不敢曲宥，以傷先王之法。」艾子頓首曰：「臣亦知王之不得已也。竊有一說：往年公子巫以邯鄲降秦，非大王之母弟乎？以是而言，大王亦叛臣之族，理合隨坐，臣有短繩三尺，敢獻於下執事，請大王即日引決，勿惜一身而傷先王之法。」王笑而起曰：「先生且休，寡人赦之矣。」

明 陸灼撰《艾子後語》

【註釋】

1 齊宣王（？至前三〇一）：戰國時齊國君王，西元前三一九至前三〇一年在位。

2 肆：古時處死刑後陳屍於市。

## 大言

趙國有一位方士，特別喜歡吹牛說大話。

艾子跟他開玩笑，問道：「先生高壽幾何？」

這位方士啞然，說道：「鄙人年紀太大，有些記不大清楚了。記得兒時與一群小夥伴一塊兒去看伏羲畫八卦，瞧見了他是蛇身人首，回家後得了驚嚇病。依靠服用伏羲的草藥才保住了性命。女媧的時候，上天西北傾斜，大地東南下陷，我當時住在中央平穩的地方，才沒受到傷害。神農氏播種五穀時，我已經好久不吃糧食啦，一粒不曾入口。蚩尤舉五種兵器來進犯，我用一個指頭就擊傷他的額頭，讓他血流滿面而逃竄。蒼頡不識字，打算來向我求教，因為他很愚鈍，我沒有搭理他。堯的母親慶都懷孕十四個月才生下堯，出生第三天請我去做湯餅會，設宴招待賓客。舜受到父母虐待，望天號啕大哭，我替他擦眼淚，再三勸勉他，使他後來因為孝敬父母而聞名於世。禹治洪水經過我家門口時，我慰勞他，向他敬酒，他竭力推辭，不飲而去。夏帝孔甲送我一塊龍肉製成的肉醬，誤食後我的口竟至今還有點腥臭。成湯撒開一面網來捕禽獸，我曾經笑話他不能忘卻野獸的美味。履癸強迫我不加節制地飲酒，我不聽從，他讓我受了炮烙之刑，七天七夜之後我仍舊言笑自若，於是被釋放回去了。姜子牙小兒釣到鮮魚，時時饋贈給我食用，我拿來飼養山裏面的黃鶴。穆天子在瑤池設宴，請我去坐在首席。與楚文王同時的徐偃王舉兵，天子乘八匹駿馬而歸，西王母留我參加宴請，一直讓我到散席。因為飲酒過多，我竟醉倒不起，幸好有董雙成、萼綠華兩個丫頭扶我回去。我一直沉醉，至今尚未全醒，不知道今日人世間是何甲子啊。」

艾子聽了，唯唯諾諾而退。

過後不久，趙王從馬上摔下來，傷了肋骨。御醫說：「須用千年的『血竭』在受傷之處才會痊癒。」於是下令四處尋找血竭，可是總找不到。

這時，艾子去對趙王說：「此地有一位方士，活了不知數千歲。殺了這個方士取他的血，必見奇效而使大王迅速痊癒。」

趙王聞言大喜過望，讓下臣祕密將這個方士抓來，準備把他殺了。

這個方士見狀連忙跪拜磕頭，哭著說道：「昨天，我父母親都滿五十歲，東邊鄰居一位老姥攜帶美酒前來祝壽。小的喝醉了酒，不知不覺胡言亂語。小的實在不曾活千歲。艾先生最善於說謊話，大王千萬不要相信。」

趙王聽後將他訓斥了一通，就把他赦免了。

## 【原文】

趙有方士好大言。艾子戲問之曰：「先生壽幾何？」方士啞然曰：「余亦忘之矣。憶童稚時與群兒往看宓羲[1]畫八卦，見其蛇身人首，歸得驚癇，賴宓羲以草頭藥治余，得不死。女媧之世，天傾西北，地陷東南，余時居中央平穩之處，兩不能害。神農播厥穀，余已辟穀久矣，一粒不曾入口。蚩尤犯余以五兵，因舉一指擊傷其額，流血被面而遁。蒼氏子不識字，欲來求教，為其愚甚不屑也。慶都[2]十四月而生堯，延余作湯餅會[3]。舜為父母所虐，號泣於旻天，余手為拭淚，敦勉再三，遂以孝聞。禹治水，經余門，勞而觴之，力辭不飲而去。孔甲贈予龍醢[4]一臠，余誤食之，於今口尚腥臭。成湯開一面之網以羅禽獸，嘗面笑其不能忘情於野味。履癸強余牛飲，不從，寘余炮烙之刑，七晝夜而言笑自若，乃得釋去。姜家小兒釣得鮮魚，時時相餉，余以飼山中黃鶴。穆天子瑤池之宴，讓余首席。徐偃稱兵，天子乘八駿而返，阿母[5]留余終席。為飲桑落之酒過多，醉倒不起，幸有董雙成、萼綠華兩個丫頭相扶歸舍；一向沉醉，至今猶未全醒，不知今日世上是何甲子也。」艾子唯唯而退。俄而趙王墮馬傷脅，醫云：「須千年血竭[6]傅之乃差。」下令求血竭，不可得。艾子言於王曰：「此有方士，不啻數千歲，殺取其血，其效當愈速矣。」王大喜，密使人執方士，將殺之。方士拜且泣曰：「昨日，吾父母親皆年五十，東鄰老姥攜酒為壽，臣飲至醉，不覺言詞過度，實不曾活千歲。艾先生最善說謊，王其勿聽。」趙王乃叱赦之。

明 陸灼撰《艾子後語》

【註釋】

1 宓義：即伏義溢。

2 慶都：堯的母親。

3 湯餅會：舊俗生兒三日設筵款待親友，稱「湯餅會」。

4 醢（hai海）：用肉、魚製成的醬。

5 阿母：即西王母。

6 血竭：中藥名，主治跌打仆傷等。

## 預哭

有一回，齊宣王問淳于髡：「天地要經過幾萬年才翻覆一次啊？」

淳于髡答道：「聽先師講，天地以一萬年為一元，十二萬年為一會，滿了一會便要翻覆。」

艾子聽了他的話，便大哭起來。

齊宣王感到驚訝，問道：「先生為啥哭？」

艾子收住眼淚，回答道：「微臣替十一萬九千九百九十九年上的百姓們哭泣。」

齊宣王不解：「為啥？」

艾子回答道：「我為他們發愁，到了那年上哪兒去躲避這場災難。」

【原文】

齊宣王問淳于髡曰：「天地幾萬歲而翻覆？」髡對曰：「聞之先師：天地以萬歲為元，十二萬歲為會，至會而翻覆矣。」艾子聞其言大哭。宣王訝曰：「夫子何哭？」艾子收淚而對曰：「臣為十一萬九千九百九十九年上百姓而哭！」王曰：「何也？」艾子曰：「愁他那年上，何處去躲這場災難。」

明　陸灼撰《艾子後語》

## 愚子

齊國有一個富人，家有千金，特別有錢。他的兩個兒子非常愚蠢，他卻不進行教育。

有一天，艾子對這兩個兒子的父親說：「貴公子雖然長得有模有樣，但是一點也不通世務，日後怎麼能夠擔當繼承家業的重任呀！」

這兩個兒子的父親聽了很生氣，說道：「我家的孩子非常聰明，而且非常能幹，豈有不通世務之理！」

艾子說：「我看不需要進行別的測試，只須問問貴公子所吃的大米從何而來就清楚了；如果他們知道，我自然要承擔妄言之罪。」

這兩個兒子的父親於是便把他們叫來問了這個問題。

兩個兒子笑嘻嘻地回答道：「我們哪裏不知道喲，每一次都是從布囊裏面取出來的。」

這兩個兒子的父親聽了，露出悲傷的神色說道：「他們實在愚蠢得很。這些米不是從田地裏面來的嗎？」

艾子說道：「不是這樣的父親，哪裏生得出這樣的兒子！」

【原文】

齊有富人，家累千金。其二子甚愚，其父又不教之。一日，艾子謂其父曰：「君之子雖美，而不通世務，他日曷能克其家？」父怒曰：「吾之子敏，而且恃多能，豈有不通世務邪？」艾子曰：「不須試之他，但問君之子所食者米從何來，若知之，吾當妄言之罪。」父遂呼其子問之，其子嘻然笑曰：「吾豈不知此也，每從布囊取來。」其父愀然而改容曰：「子之愚甚也，彼米不是田中來？」艾子曰：「非其父不生其子。」

傳宋蘇軾撰《東坡居士艾子雜說》

## 牡羊

艾子在圈中養了兩隻羊，公羊好鬥，每一次遇到生人，都要追趕著去碰觸人家。他的學生們去看望艾子，無不感到害怕，於是對艾子說：

「夫子您養的公羊，兇猛得很，請把牠閹割了吧，好讓牠變得馴服一些。」

艾子笑道：「爾等不知道，如今沒有陽道的更為兇猛。」

## 【原文】

艾子畜羊兩頭於囿，羊牡者好鬥，每遇生人，則逐而觸之，門生輩往來，甚以為患，請於艾子曰：「夫子之羊，牡而猛，請得閹之，則降以性而馴矣。」艾子笑曰：「爾不知今日無陽道的更猛哩。」

明陸灼撰《艾子後語》

# 優旃的故事

優旃係中國古代民間故事中的一位俳優型機智人物。其原型優旃是秦國的俳優，侏儒，善為言笑，然合於大道，曾經以滑稽之語諷諫秦始皇和秦二世。有關他的趣聞逸事現存三則，見於《史記・滑稽列傳》、傳隋侯白撰《啟顏錄》、明樂天大笑生纂集《解慍編》、明馮夢龍輯《廣笑府》、清鐵舟寄庸撰《笑典》、近人楊汝泉編纂《滑稽故事類編》等。

## 陛楯者得半相代

秦代歌舞藝人優旃，身材矮小，是個侏儒。他善於言笑逗樂，但往往符合常理大道。

有一天，秦始皇正在宮廷裏面飲酒，天上忽然下起雨來。這時，那些執楯立於殿階下面兩側的衛士們一個個的身上都淋濕了，無不受到寒冷的侵襲。優旃見到這個情境，哀憐油然而生。

優旃問衛士們：「你們想休息嗎？」

衛士們都說：「要是有幸休息的話，就再好不過了。」

優旃說：「我馬上呼喊你們，你們一定要很快答應我啊。」

停留片刻，宮殿裏面敬酒，高呼：「萬歲！」

優旃靠近護欄，大聲呼喊：「衛士，衛士！」

衛士們回答道：「唉！」

優旃說：「你們雖然長得高高的，可這個又有什麼好處呢？你們僥倖生存下來，卻免不了站立在雨中，渾身淋濕。我雖然身材矮小，卻有幸得到美好的處所，過得很安逸。」

秦始皇聽見優旃和衛士們的對話，多有感觸。於是，從此以後就將執楯立於殿階下面的衛士們分為兩半，輪流值班。

【原文】

優旃[1]者，秦倡，朱儒也。善為笑言，然合於大道。秦始皇時，置酒而天雨，陛楯[2]者皆沾寒。優旃見而哀之，謂之曰：「汝欲休乎？」陛楯者皆白：「幸甚！」優旃曰：「我即呼汝，汝疾應曰諾！」居有傾，殿上上壽。優旃臨檻大呼曰：「陛楯郎！」郎曰：「諾。」優旃曰：「汝雖長，何益！幸雨立。我雖短也，幸休居。」於是始皇使陛楯者得半相代。

漢司馬遷撰《史記・滑稽列傳》

【註釋】

1 旃（音同氈）：純赤色的曲柄旗。

2 楯：同「盾」。

# 寇來不能上

秦始皇曾經商議擴建皇家園林之事，打算東至函谷關，西至雍州、陳倉，把皇家園林修得規模宏大、異常氣派。

優旃得知秦始皇的這個設想以後，便說：「好得很呀！這麼大的皇家園林，可以在裏面放養許許多多飛禽走獸。倘若敵寇殺來了，讓麋鹿前去抵擋就夠啦。」

秦始皇聽了此言，立刻打消了擴建皇家園林的念頭。

秦二世登基以後，又考慮油漆秦國的都城。

優旃聽說這件事後，就說：「非常好！即使主上不講，微臣原本也打算請求主上這樣做。漆城雖說讓老百姓犯愁，然而卻是一件上好的事情。把城漆得光光滑滑的，敵寇來了爬不上去。如果想辦理這件事，容易得很，只是很難找到一個把漆過的城池陰乾的場所啊！」

優旃的這一番話把秦二世逗笑了。因為他的這番話，秦二世便放棄了漆城的打算。

【原文】

始皇嘗議欲大苑囿，東至函谷關，西至雍、陳倉。優旃曰：「善。多縱禽獸於其中，寇從東方來，令麋鹿觸之足矣。」始皇以故輟止。二世立，又欲漆其城。優旃曰：「善。主上雖無言，臣固將請之。漆城雖於百姓愁費，然佳哉！漆城蕩蕩，寇來不能上。即欲就之，易為漆耳，顧難為蔭室。」於是二世笑之，以其故止。

漢司馬遷撰《史記・滑稽列傳》

【註釋】

1 秦始皇（前二五九至前二一〇）：戰國時秦國君王，秦王朝的建立者，西元前二四六至前二一〇年在位。

2 秦二世（前二三〇至前二〇七）：秦朝第二代皇帝，西元前二一〇至前二〇七年在位。

# 東方朔的故事

東方朔係中國古代民間故事中的一位官宦型機智人物。其原型東方朔（前一五四至前九三），字曼倩，漢平原厭次（今山東惠民）人。漢武帝時待詔金馬門，官至太中大夫。他幽默多智，言詞敏捷，常在漢武帝前談笑取樂，「然時觀察顏色，直言切諫」。因東方朔以詼諧滑稽著稱，後人傳其趣聞逸事頗多，漢班固撰《漢書・東方朔傳》、漢劉歆撰、晉葛洪集《西京雜記》、傳隋侯白撰《啟顏錄》、唐李冗撰《獨異志》、宋李昉等編《太平廣記》、宋曾慥編《類說》、明馮夢龍編纂《古今譚概》、明馮夢龍編纂《智囊補》、明浮白齋主人撰《雅謔》、清鐵舟寄庸撰《笑典》、近人楊汝泉編纂《滑稽故事類編》等均有記載。

## 上林獻棗

漢武帝曾經用隱語召見大臣東方朔。那個時候，管理園囿果蔬事務的上林署來進獻棗子，漢武帝拿手杖擊打未央宮前的殿欄說道：「叱叱，先生束束。」

東方朔過來，問道：「陛下，是上林署來進獻了四十九枚棗子嗎？微臣看見陛下您用手杖擊打宮殿的欄木兩下，兩木，林也；束束，棗也；叱叱，四十九也，因此知道上林署獻了四十九枚棗子。」

【原文】

漢武帝[1]嘗以隱語召東方朔。時上林[2]獻棗，帝以杖擊未央前殿欄曰：「叱叱[3]，先生束束。」朔至曰：「上林獻棗四十九枚乎？朔見上以杖擊欄兩木，兩木林也；束束，棗也；叱叱，四十九也。」

宋李昉等編《太平廣記》卷一七四

【註釋】

1 漢武帝（前一五六至前八七）：西漢皇帝，西元前一四〇至前八七年在位。

2 上林：即管理皇家園林蔬果諸事的上林署。

3 叱叱：呼喚聲，諧音「七七」。

## 命群臣為大言

有一天，漢武帝置酒，命群臣說大話。如若哪位說小，便要罰酒。

公孫丞相說道：「微臣弘，驕而猛又剛毅，交牙出口聲又大，號呼萬里噭一代。」

餘下的四位大臣都對答不出來。東方朔請求替大家來對答。他首先替第一位說道：「微臣坐不得起，仰臥逼近於天地之間，愁不得長。」

其次，他替第二位說道：「微臣跋越九州，間不容趾，併吞天下，欲枯四海。」

再次，他替第三、第四位說道：「天下不足以讓微臣坐下，四海不足以裝下微臣的唾沫，微臣堵住喉嚨不是因為食品引起的，微臣只好到天外去居住。」

漢武帝驚歎道：「大得很呀！公孫弘最小，應當罰他喝酒。」

## 【原文】

漢武帝置酒，命群臣為大言，小者飲酒。公孫丞相[1]曰：「臣弘驕而猛又剛毅，交牙出吻聲又大，號呼萬里嗷一代。」餘四公不能對。東方朔請代大對。一曰：「臣坐不得起，仰迫於天地之間，愁不得長。」二曰：「臣跋越九州，間不容趾，併吞天下，欲枯四海。」三、四曰：「天下不足以受臣坐下，四海不足以受唾，臣噎不緣食，出居天外臥。」上曰：「大哉！弘言最小應飲。」

傳隋侯白撰《啟顏錄》

## 【註釋】

1 公孫弘（前二〇〇至前一二一）：字季，西漢菑川（郡治今山東省壽光縣）人。漢武帝時為丞相，封平津侯。

# 彭祖面長

有一天，漢武帝對群臣說道：「《相書》上講：『鼻下人中長一寸，就會活到一百歲。』」東方朔聽了，忽然大笑起來。有個官吏立刻上奏漢武帝，指責東方朔對皇上不敬。東方朔說道：「微臣不敢笑陛下。其實是在笑彭祖的臉很長。」漢武帝問東方朔：「此話怎講？」東方朔回答道：「彭祖活了八百歲，果真像陛下講的那樣，那麼彭祖的人中就有八寸長，他的臉自然就有一丈長囉。」

漢武帝聽了也大笑起來。

## 【原文】

漢武帝對群臣云：「《相書》云：『鼻下人中長一寸，年百歲。』」東方朔忽大笑，有司奏不敬。朔免冠云：「不敢笑陛下，實笑彭祖面長。」帝問之，朔曰：「彭祖年八百，果如陛下言，則彭祖人中長八寸，面長一丈餘矣。」帝亦大笑。

明浮白齋主人撰《雅謔》

## 不死酒

漢武帝的時候，有人進貢喝了可以長生不老的「不死酒」，東方朔偷喝了這種酒。漢武帝怒不可遏，打算殺了他。

東方朔忙說：「微臣喝的是『不死酒』，陛下殺微臣，微臣必定不會死；微臣倘若死了，這酒就不靈驗了。」

漢武帝忍俊不禁，當即赦免了東方朔。

**【原文】**

漢武帝時，有貢不死之酒者，東方朔竊飲焉。帝怒，欲殺之。朔曰：「臣所飲，不死酒也，殺臣，臣必不死；臣若死，亦不驗。」帝笑赦之。

明浮白齋主人撰《雅謔》

## 乳母得救

有一次，漢武帝生氣要殺掉他的奶娘。奶娘便到東方朔那裏去求救。

東方朔對奶娘說：「假如皇上生氣的時候旁人去進言，不僅與事無補，而且會加速慘劇的發生。到時候您只管不停地回頭看，我會採用出其不意的法來救您。」

漢武帝的奶娘果然按照東方朔的提示行事，在那個時候不斷回望漢武帝。東方朔在漢武帝身旁對奶娘說：「您應當快快離去。陛下已經長大了，哪裏會想念您哺育他的恩情喲！」

漢武帝聞聽此言，感到悲傷，於是便赦免了他的奶娘。

## 【原文】

漢武帝欲殺乳母。母告急於東方朔。曰：「帝怒而傍人言，益死之速耳。汝臨去，但屢顧，我當設奇[1]以激之。」乳母如其言。朔在帝側曰「汝宜速去，帝今已大，豈念汝乳哺之時耶！」帝愴然，遂赦之。

宋李昉等編《太平廣記》卷一六四

## 【註釋】

1 設奇：採用出其不意的辦法。

# 諸葛恪的故事

諸葛恪係中國古代民間故事中的一位官宦型機智人物。其原型諸葛恪（二〇三至二五三），字元遜，琅琊陽都（今山東沂南南）人，諸葛瑾之子。少小知名，弱冠拜騎都尉。嘉禾三年（二三四）任吳國撫越將軍、丹陽太守。孫權死，輔立孫亮，任大將軍，專國政。他力主攻魏，建興二年（二五三）攻新城不克，不久被皇族孫峻所殺。其趣聞逸事主要發生在宮廷之內與同僚之間，見於晉陳壽撰《三國志・吳書・諸葛恪傳》、傳隋侯白撰《啟顏錄》、唐朱揆撰《諧噱錄》、明何良俊撰《何氏語林》、明樂天大笑生纂集《解慍編》、明馮夢龍輯《廣笑府》、明馮夢龍編纂《古今譚概》、清鐵舟寄庸撰《笑典》、近人楊汝泉編纂《滑稽故事類編》等。

## 續字

諸葛恪的父親諸葛瑾的臉長，長得跟驢子似的。東吳大帝孫權大會賓客的時候，讓人牽了一頭毛驢來，還在驢子的臉上題寫五個字：「此諸葛子瑜」。

諸葛恪請求孫權賜給他一支筆。他提筆在驢臉上加了「之驢」兩個字，成為「此諸葛子瑜之驢」。在座的賓客見了，響起了一片歡笑聲。

於是，孫權便把這頭驢賞賜給諸葛恪。

【原文】

諸葛恪父瑾[1]面長似驢。孫權大會客，使人牽驢入，題其面曰：「此諸葛子瑜」。恪請筆續兩字於下曰：「之驢」。舉坐歡笑。乃以賜恪。

明馮夢龍編纂《古今譚概》機警部二十三

【註釋】

1 諸葛瑾（一七四至二四一）：字子瑜，三國魏大臣。孫權稱帝後，官至大將軍。

## 所出同

有一次，東吳大帝孫權指使太子嘲弄諸葛恪，說道：「諸葛恪吃馬糞一石。」

諸葛恪立刻回敬道：「這會兒能不能立一個規矩，臣能夠戲君，子能夠戲父？」

孫權說：「可以。」

於是，諸葛恪說道：「請求太子吃雞蛋。」

孫權說：「人家讓你吃馬糞，你卻讓人家吃雞蛋，到底有什麼講究？」

諸葛恪回答道：「所出來的地方都是一樣的啊！」

他這樣一句話，竟逗得孫權哈哈大笑。

【原文】

孫權使太子嘲諸葛恪曰：「恪食馬矢一石。」答曰：「臣得戲君，子得戲父？」權曰：「可。」恪曰：「乞太子食雞卵。」權曰：「人令卿食馬矢，卿令人食雞卵，何也？」恪曰：「所出同耳。」權大笑。

明馮夢龍編纂《古今譚概》酬嘲部二十四

## 白頭翁

曾經有許多白頭鳥聚集在吳王孫權的大殿前面，孫權問群臣道：「這是什麼鳥啊？」

諸葛恪回答道：「此鳥名叫『白頭翁』。」

張輔吳自以為是座中最老的一位，疑心諸葛恪用鳥名來戲弄他，因此說道：「諸葛恪在欺騙陛下，從來沒有聽說過有鳥名叫『白頭翁』的。是不是可以讓他去找『白頭母』呀！」

諸葛恪說道：「有一種鳥名叫『鸚母』，未必有對。試請輔吳也去尋找『鸚父』呀！」

張輔吳張口結舌，回答不上來，引起哄堂大笑。

## 【原文】

曾有白頭鳥聚集吳殿前，孫權問群臣曰：「此鳥何也？」諸葛恪元遜對雲：「此名為『白頭翁』。」張輔吳[1]自以坐中最老的一位，疑心元遜以鳥名來戲之，因曰：「恪欺陛下，未嘗聞鳥名『白頭翁』者。試使恪復求頭母。」元遜曰「鳥名『鸚母[2]』，未必有對。試請輔吳復求『鸚父』。」張不能答，一坐大笑。

明何良俊撰《何氏語林》卷二十

## 【註釋】

1 張輔吳：三國吳大臣。

2 鸚母：即鸚哥。

# 石動筩的故事

石動筩[1]係南北朝時期中國古代民間故事中的一位官宦型機智人物。其人古籍上並未見記載，是否出於藝術虛構，待考。他的趣聞逸事大都涉及僧、俗論難（相互辯論、詰難），見於傳隋侯白撰《啟顏錄》、宋李昉等編《太平廣記》、明江盈科撰《談言》、明馮夢龍編纂《古今譚概》、近人楊汝泉編纂《滑稽故事類編》、近人曹繡君編《伶官謫諫錄》等。

【註釋】

1 筩：「筒」的異體字。

## 承大家熱鑴

有一回，北齊高祖宴請近臣，讓大家一樂。

高祖說：「我與大家做謎語，可以一同猜謎。我出的謎語是『卒律葛答』。」

在場的人都猜不出來。

有人說：「陛下，是饒子饗箭。」

高祖說：「不是的。」

石動筩說：「陛下，微臣猜出來了。」

高祖問：「你說說是什麼物件？」

石動筩說：「是煎餅。」

高祖笑道：「石動筩猜對了。」

高祖隨後又說：「你們各位為我做一個謎語，讓我來猜。」

在大家還沒有做謎語的時候，石動筩便出了個謎語，他還是說：「卒律葛答。」

高祖猜不出來，問道：「這是什麼東西？」

石動筩答道：「是煎餅。」

高祖說：「這個是我先做的，你為何又做？」

石動筩說：「乘大家的餅鐺還是熱的，我再做一個。」

## 【原文】

北齊高祖嘗宴近臣為樂，高祖曰：「我與汝等作謎共射之：卒律葛答。」諸人皆射不得。或云：「是饒子箭。」石動筩曰：「臣已射得。」高祖曰：「是何物？」動筩對曰：「是煎餅。」高祖笑曰：「動筩射著是也。」高祖又曰：「汝等諸人為我作一謎，我為汝射之。」諸人未作，動筩為謎，復曰：「卒律葛答。」高祖射不得，問曰：「此是何物？」答曰：「是煎餅。」高祖曰：「我始作之，何因更作？」動筩曰：「乘大家熱鐺子頭，更作一個。」高祖大笑。

【註釋】

1 筩：「筒」的異體字。

2 髐（音同哮）子：鳴鏑。

## 勝伊一倍

北齊高祖曾命人讀《文選》。唸到郭璞的《遊仙詩》時，高祖頗為感歎，稱讚其達到了完美的境界。

諸位學士異口同聲地說：「此詩極為精美工整，誠如陛下所言。」

石動筩起身說道：「此詩有什麼了不起？假如令微臣來作，能夠勝他一倍。」

高祖聽了很不高興，過好久才說：「你是何人？敢自稱詩作能夠勝郭璞一倍，豈不該死！」

石動筩立即說道：「請立刻讓微臣來作，假如不能勝他一倍，微臣心甘情願去死。」

高祖當場讓石動筩作詩，石動筩說道：「郭璞的《遊仙詩》云：『青溪千餘仞，中有一道士。』微臣作詩云：『青溪二千仞，中有二道士。』豈不勝他一倍嗎？」

高祖這時才笑顏逐開，高興起來。

傳隋侯白撰《啟顏錄》

【原文】

高祖嘗讀《文選》，有郭璞《遊仙詩》，嗟歎稱善。石動筩起曰：「此詩有何能？若令臣作，即勝伊一倍。」高祖不悅，曰：「汝是何人？自言作詩能勝郭璞一倍，豈不合死？」動筩即云：「大家即令臣作，若不勝一倍，甘心合死。」即令作之，動筩曰：「郭璞《遊仙詩》云：『青溪千餘仞，中有一道士。』臣作云：『青溪二千仞，中有二道士。』豈不勝伊一倍？」高祖始大笑。

傳隋侯白撰《啟顏錄》

## 冠者與童子

石動筩曾經到國學館中看博士們辯論詰難。

有博士說：「孔子的弟子有名望的七十二人。」

石動筩問他們說：「有名望的七十二人中，有幾個是戴帽子的？有幾個是沒戴帽子的？」

有個博士回答：「經書上並沒有記載啊。」

石動筩說道：「先生讀書，竟不知孔子的弟子已戴帽子有三十人，沒戴帽子的有四十二人。」

有個博士問道：「你是從什麼文獻裏面知道這些的？」

石動筩說道：「《論語》云『冠者五六人』，五六不是三十嗎？又云『童子六七人』，六七不是四十二嗎？他們加起來豈不是七十二人嗎？」

在座的人聽了都十分開心，博士們卻無言以對。

【原文】

動筩又嘗於國學中看博士論難云：「孔子弟子達者有七十二人。」動筩因問曰：「達者七十二人，幾人已著冠？幾人未著冠？」博士曰：「經傳無文。」動筩曰：「先生讀書，豈合不解孔子弟子著冠有三十人，未著冠者有四十二人？」博士曰：「據何文以知之？」動筩曰：「《論語》云『冠者五六人』，五六三十也，『童子六七人』，六七四十二也，豈非七十二人？」坐中大悅，博士無以應對。

傳隋侯白撰《啟顏錄》

## 佛生日

北齊高祖又曾在四月初八那天舉辦齋會，進行講說活動。石動筩當時在齋會會場中，有一個大德僧在高座上面講，道俗論難，不能分出高下。

石動筩後來，向大德僧提問道：「請問，今天是什麼日子？」

大德僧回答說：「是佛生日。」

石動筩立即說道：「日是佛兒。」

大德僧改口說道：「今日佛生。」

石動筩又說：「佛是日兒。」

眾人聽了，無不開懷大笑。

【原文】

高祖又嘗以四月八日齋會講說，石動筩時在會中，有大德僧在高座上講，道俗論難，不能相決。動筩後來，乃問僧曰：「今是何日？」僧答曰：「是佛生日。」動筩即云：「日是佛兒。」僧即變云：「今日佛生。」動筩又云：「佛是日兒。」眾皆大笑。

傳隋侯白撰《啟顏錄》

# 侯白的故事

侯白係中國古代民間故事中的一位文人型機智人物。其原型侯白，字君素，隋臨漳（今屬河北省）人。他好學有捷才，性滑稽。舉秀才，為儒林郎。隋文帝楊堅聞其名，召與語，甚悅之，於祕書修國史。他的趣聞逸事，見於傳隋侯白撰《啟顏錄》以及唐朱揆撰《諧噱錄》、宋李昉等編《太平廣記》、明何良俊撰《何氏語林》、明馮夢龍編纂《古今譚概》、清鐵舟寄庸撰《笑典》、清獨逸窩退士輯《笑笑錄》、近人楊汝泉編纂《滑稽故事類編》、近人曹繡君編《姓氏嘲謔錄》等。

## 一錢不值

有一次，陳朝派使臣訪問隋國，隋國不知道來人的應對能力到底怎麼樣，便悄悄地派侯白改頭換面，故意穿著舊衣服，喬裝成為一個賤人聽其使喚。

陳朝的使臣以為來人果真貧賤，甚為輕視，根本不把他放在眼裏，還躺在床上一邊放屁，一邊與他說話。侯白心裏非常不平，只是不便發著。

陳朝的使臣躺著問道：「哎，你們國家的馬，價錢貴不貴？」

侯白立即回應道：「我們這裏的馬有好些等級，貴賤各不相同。倘若筋骨好，有本領，模樣又漂亮，就值三十貫以上；倘若模樣還過得去，騎起來也不錯，就值二十貫以上；倘若長得粗壯，雖然沒有啥本事，卻能夠馱東西，就值四五貫以上；倘若長得不好，又沒有本事，只知道躺著放屁，就一錢不值。」

陳朝的使臣聽了，大吃一驚。他趕忙問此人的姓名。當他知道對方是侯白時，感到很慚愧，連連表示抱歉。

【原文】

陳朝又嘗令人聘隋，隋不知其人機辯深淺，乃密令侯白改變形貌，著故弊衣裳，詐為賤人供承。客使謂是貧賤，心甚輕之，乃傍臥放氣，與之言語。白心甚不平，未有方便。使人臥問侯白曰：「汝國馬價貴賤？」侯白即報云：「馬有數等，貴賤不同：若是伎倆有筋腳，好形容，直三十貫已上；若形容不惡，堪得乘騎者，直二十貫已上；若形容粗壯，雖無伎倆，堪馱物，直四五貫已上；若彎尾燥蹄，絕無伎倆，旁臥放氣，一錢不值。」於是使者大驚，問其名姓，知是侯白，方始慚謝。

傳隋侯白撰《啟顏錄》

## 當作「號號」

當初侯白還沒有出名的時候，住在本縣。本縣的縣令剛剛來，侯白去進見他。走到半路上，侯白碰到一個熟人。

那人說：「侯白，你能讓新來的縣太爺學狗叫嗎？」接著又說：「我們要看看你有什麼辦法讓縣太爺做狗叫。如果能辦得到，我們輸給你一頓美食；假如辦不到，你就要輸給我們一頓美食。」

於是，侯白到縣衙裏面去拜會新來的縣令，而那位熟人則等候在縣衙外面。

縣令見到侯白，很客氣地說：「先生何須這般慎重其事地來縣衙相見？」

侯白回答道：「明公初來乍到，或許對本地民風民情有點不適應，在下特來關照明公。明公到縣之前，本地盜賊猖獗，縣府便下令讓各家各戶養狗，狗叫讓盜賊受到驚嚇，盜賊自然不敢胡作非為了。」

縣令說：「如果是這樣，我家裏也需要餵養會叫的狗。不知如何得到會叫的狗啊？」

侯白說：「我們家裏剛弄來一群狗，牠它們的叫聲與其他的狗不一樣。」

縣令說：「牠們的叫聲是什麼樣的？」

侯白說：「牠們的叫聲是『嗷嗷』、『嗷嗷』的。」

縣令說：「先生全然不知，好狗的叫聲是『號號、號號』的；『嗷嗷』叫的狗，絕對不是會叫的好狗。」

在一旁的伺者聽到縣令在學狗叫，沒有不捂嘴竊笑的。

侯白知道自己得勝了，便說：「倘若有這等會叫的狗，一定要去尋找。」於是便告辭而去。

## 【原文】

侯白初未知名，在本邑，令宰初至，白即謁。會知識曰：「白能令明府作狗吠？」曰：「何有明府得遣作狗吠？誠如言，我輩輸一會飲食；若妄，君當輸。」於是入謁，知識俱門外伺之。令曰：「君何須得重來相見？」白曰：「公初至，民間有不便事，望諮公。公到前，甚多盜賊，請命各家養狗，令吠驚，自然盜賊止息。」令曰：「若然，我家亦須養能吠之狗。若為可得？」白曰：「家中新有一群犬，其吠聲與餘狗不同。」曰：「其聲如何？」答曰：「其聲坳坳者。」令曰：「君全不識，好狗吠聲當作號號，坳坳聲者，全不是能吠之狗。」伺者聞之，莫不掩口而笑。白知得勝，乃云：「若覓如此能吠者，當出訪之。」遂辭而出。

傳隋侯白撰《啟顏錄》

## 誆騙貴公子

有一天，侯白出京城到郊外去，路上見到一位富貴公子到野外去遊玩，正在放鷂子。騎馬的隨從衣著華美潔淨，身後馱了很多的東西，還攜帶了各種酒食。

侯白碰見這位公子，立即對同伴們說：「我們都饑腸轆轆的，非常需要吃此人的飲食。」

諸位同伴很驚訝：「他是個達官貴人家的兒郎，我們跟他素不相識，有什麼理由可以享用他帶的飲食呢？」

侯白說：「憑我的智慧呀！」於是，加快步伐，追趕上這位公子，並且問道：「郎君臂上的那個叫什麼鳥啊？」

這位公子回答道：「叫鷂子。」

侯白說：「牠有什麼用途呢？」

公子回答道：「放出去能夠捉鳥鵲和鵪鶉。」

侯白裝出吃驚的樣子，說道：「我怎麼不知道牠竟然有如此的伎倆啊！我們莊子上的樹林裏面有三四個鳥窩，生的雛鳥漸漸長大了，卻總是不唧呱。這鳥既然有如此的伎倆，我回到莊子去就要養這樣的鳥。」

公子聽了，興高采烈，便問侯白：「你們的莊子離這裏有多遠？」

侯白說：「二十多里。」

這位公子立刻要侯白帶他們奔莊子上去，侯白卻說：「今早出門的時候，我沒來得及吃飽肚子，這會兒沒有勁兒，還不能馬上出發。」

這位公子立即放下他們馱的吃食，讓侯白和他的幾個同伴飽餐了一頓。他們剛吃完，這位公子的鵮子就叫了起來。

侯白便說：「我們莊子上的鳥，身子大小跟公子莊上的鳥相似，唯有發出的叫聲不同。」

這位公子忙問：「你們莊上的鳥發出什麼叫聲？」

侯白回答：「我們莊子上的鳥發出的是『求敕鳩』的叫聲。」

這位公子聽了無比氣憤，轉身就離去了。

## 【原文】

侯白嘗出京城外，路逢富貴公子出遊，自放鵮子，負馱極多，騎從鮮潔，又將酒食，野外遨遊。白於路上見此公子，即語同行伴云：「我等極饑，須得此人飲食。」諸人云：「他是達官兒郎，本不相識，何緣可得他飲食？」侯白即云：「仰我得之。」即急行趁及公子，問云：「郎君臂上喚作何鳥？」其人報云：「喚作鵮子。」侯白曰：「堪作何用？」其人云：「令捉鳥鵲及鶉。」侯白乃即佯驚云：「遂不知此伎倆，白莊上林中有三四窠，生兒欲大，總不紀括，既有如此伎倆，到莊即須養取此鳥。」公子大喜云：「莊去此遠近？」白曰：「二十餘里。」此人欲逐向白莊，侯白云：「旦來大餓，未得即往。」此人即下所馱飲食，並侯白同行伴數人皆得飽食。食訖，此人鵮子即作聲，侯白云：「白莊上鳥，身品大小，共公莊鳥相似，唯聲不同。」此人問云：「公鳥作何聲？」侯白雲：

「莊上鳥聲作求敕鳩。」此人乃大嗔恨而回。

傳隋侯白撰《啟顏錄》

## 問一知二

侯白和楊素相好。楊素是陝西關中人，侯白是山東人。楊素喜歡與侯白逗趣，突然會出個難題，想讓侯白對答不上來。關中一般老百姓的土話，把「水」字唸為「霸」；而山東方言把「擎將去」說成「搡刀去」。

楊素曾經對侯白說：「山東自古以來多仁義之士，借一而得兩。」

侯白問道：「怎麼說『得兩』呢？」

楊素說：「有人向某人借弓，某人便回答：『搡刀去。』豈不是借一得兩嗎？」

侯白應聲說道：「關中人也非常聰明，問一知二。」

楊素問道：「你是怎麼知道的？」

侯白回答道：「一天有人打聽：『近來多雨，不知道渭河漲水沒有？』人家回答：『灞漲。』豈不是問一知二嗎？」

楊素真是佩服侯白，答辯竟是如此快捷。

## 【原文】

侯白、楊素[1]相善，素關中人，白山東人，素嘗卒難之，欲其無對。而關中下俚人言音謂「水」為「霸」，山東亦言「擎將去」為「擽刀去」。素嘗謂白曰：「山東固多仁義，借一而得兩。」曰：「若為得兩？」曰：「有人從其借弓者，乃曰：『檪刀去。』豈非借一而得兩？」白應聲曰：「關中人亦甚聰明，問一知二。」素曰：「何以得知？」曰：「日有人問：『比來多雨，渭水[2]漲否？』答曰：『灞[3]長。』豈非問一知二？」素服其辯捷。

傳隋侯白撰《啟顏錄》

## 【註釋】

1 楊素（？至六〇六）：字處道，華陰（今屬陝西省）人，隋大臣。

2 渭水：黃河最大的支流，在陝西省中部。

3 灞（音同霸）：係渭河的支流。這裏的「灞」諧音「不」。

## 遭見賢尊

侯白與楊素劇談戲弄，有一次從早上聊到晚上才回家。剛出官署大門，就見到楊素的兒子玄感。

楊素提出：「侯秀才，你可不可以跟玄感講個笑話？」

侯白被楊素留下來，無法推脫，便說：「一天，有一隻老虎打算到野外去找吃食，看見一個刺蝟仰臥在地上，以為是一塊肉，想把牠銜起來。忽然間，被刺蝟捲著了鼻子，驚嚇得不停息地拚命奔跑，一直跑到深山裏面，疲乏得倒地昏睡。這時，刺蝟才放開鼻子離開老虎。老虎醒後，見到前面橡樹下落滿的橡斗，忽然感到高興。牠走到橡樹下面，側身對橡斗說道：『早上和你父親大人有一場遭遇，奉勸郎君趕快躲一躲。』」

【原文】

侯白與楊素劇談戲弄，或從旦至晚始得歸，才出省門，逢素子玄感，乃云：「侯秀才可與玄感說一個好話。」白被留連，不獲已，乃云：「有一大蟲，欲向野中覓食，見一刺蝟仰臥，謂是肉臠，欲銜之，忽被蝟捲著鼻，驚走，不知休息，直至山中，困乏，不覺昏睡，刺蝟乃放鼻而走。大蟲忽起歡喜，走至橡樹下，低頭乃橡斗，乃側身語云：『旦來遭見賢尊，願郎君且避道。』」

傳隋侯白撰《啟顏錄》

## 「九尾胡」

隋代開皇初年，高祖新接受舊帝讓出的帝位，希望做到上合天意，下順民心，每當各州稟奏有祥瑞的事物，都無比喜悅。遇到有人來敬獻「瑞物」，都立即得到封官的獎賞。後來，有一個很有錢的人，只要打聽到哪裏有「瑞物」，就不惜重金把牠買過來，拿去奉獻給皇上。

侯白東邊的鄰居，有一個胡人得了痔積，有嗜睡的毛病。家裏人每天都給他用艾捲灸尾骨部位的肌肉。

侯白得知那個有錢人在尋找「瑞物」，就找上門去對有錢人說：「我知道有一件『瑞物』，你給我多少錢？」

有錢人大喜過望，馬上表示要給侯白二十貫錢。侯白當下與那人訂了契約，講明不得翻悔。

侯白拿到錢後，便把有錢人領到胡人家裏。他看見那個胡人睡在床上，家裏人正在給他灸尾翠。

有錢人問道：「瑞物在哪裏？」

侯白指著胡人說：「這是九尾胡。」

有錢人很不高興，氣咻咻地說：「怎麼說是瑞物！」

侯白說：「若不信瑞（古音唸『睡』），任隨你看他的眼睛，今天還沒有睡醒呢！」

有錢人想要回他付的錢，侯白馬上拿出契約同他爭辯，因而一個錢也要不回來。

## 【原文】

隋開皇初，高祖新受禪，意欲上合天心，下順民望，每諸州奏有祥瑞，皆大喜悅。有人來獻瑞物，皆即得官。後有一人甚富，訪諸瑞物，若知有處，皆不惜錢。侯白東家有一胡患痔饒睡，家人每日常灸尾翠。侯白即覓富人云：「我知有一瑞物，你與我幾錢？」富人大喜，即與侯白二十貫錢。白即共作券契，不得翻悔。受錢訖，即引富人至胡家，見胡睡臥，家人正灸，富人云：「瑞物何在？」侯白指胡云：「此是九尾胡。」富人大嗔云：「何得是瑞？」侯白云：「若不信瑞，任汝就胡眼看，今見未覺。」富人即欲索錢，侯白出券共爭，遂一錢索不得。

傳隋侯白撰《啟顏錄》

# 子在回何敢死

侯白敏捷而且能言善辯。他與楊素並馬出行，見到路旁有一棵蔫巴的槐樹，好像要死的樣子。楊素問道：「侯秀才理道過人，能夠讓這棵樹活過來嗎？」侯白回答說：「取槐子來懸掛在樹枝上，就可以活過來。」楊素問他是何原因。侯白答道：「《論語》云：『子在，回（槐）何敢死？』」

【原文】

隋侯白機辯敏捷，嘗與楊素並馬，路旁有槐樹，憔悴欲死。素曰：「侯秀才理道過人，能令此樹活否？」曰：「取槐子懸樹枝即活。」素問其說，答曰：「《論語》云：『子在，回何敢死。』」

傳隋侯白撰《啟顏錄》

# 應是「六斤半」

隋代開皇中，有個姓「出」名「六斤」的人，想去拜見行臺尚書左僕射楊素，他拿著名紙走到行臺省的官署門口，遇到侯白，便請侯白幫忙替他題寫姓名。侯白就寫了一個「六斤半」。

名紙被送進去以後，楊素立即召見這個人，問道：「您叫『六斤半』？」

那人回答道：「是『出六斤』。」

楊素問他：「怎麼寫成『六斤半』？」

那人說：「剛才請侯秀才寫的，可能是他弄錯了。」

楊素便把侯白請進來，說道：「您為何將他的姓名寫錯了？」

侯白說：「沒有錯。」

楊素說道：「您說沒錯，人家姓『出』名『六斤』，您卻寫成『六斤半』！」

侯白說：「人家站在行臺省的官署門外，無法找到秤來稱一下。他說是『出六斤』，我估摸了一下，應該有六斤半，所以就這樣寫了。」

楊素聽了，哈哈大笑。

## 【原文】

開皇中有人姓出名六斤，欲參楊素，齎名紙至省門，遇侯白，請為題姓，乃書云：「六斤半。」名既入，素召其人問曰：「卿姓六斤半？」答曰：「是出六斤。」曰：「何六斤半？」曰：「向請侯秀才題之，當是錯矣。」即召白至，謂曰：「卿何為錯題人姓名？」對曰：「不錯。」素曰：「若不錯，何因姓出名六斤，請卿題之，乃言六斤半？」對曰：「向在省門，會卒，無處見稱，既聞道是出六斤，斟酌只應是六斤半。」素大笑之。

傳隋侯白撰《啟顏錄》

## 這是阿歷

有一天，楊素對侯白說道：「我出一個謎語給您猜一猜，要快，遲了就要罰酒。您聽好——『頭長一分，眉長一寸，未得日中，已打兩頓。』」

侯白應聲音說道：「這是道人。」

楊素說：「該您出謎語了，也不能遲。」

侯白便說：「『頭長一分，眉長一寸，未得日中，已打兩頓。』」

楊素說：「您為何要學我出道人的謎語啊？」

侯白說：「這是阿歷[1]。」

他這樣一說，就讓楊素大笑起來。

【原文】

楊素謂侯白曰：「僕為君作一謎，君射之，不得遲，便須罰酒。」素曰：「頭長一分，眉長一寸，未到日中，已打兩頓。」白應聲曰：「此是道人。」素曰：「素須作謎，亦不得遲。」白即云：「頭長一分，眉長一寸，未到日中，已打兩頓。」素曰：「君因何學吾作道人謎？」白曰：「此是阿歷。」素大笑。

傳隋侯白撰《啟顏錄》

【註釋】

1 阿歷：泛指某一個人，猶如現代的「張三」。

## 此是犢子

侯白到了唐代做官時，曾經與人玩猜謎的遊戲。

侯白提出：「我們猜的謎必須是實物，不得隨意做解釋，藉此陡然迷惑眾人。假如解釋完後發現沒有這種東西，就要受到懲罰。」

侯白跟著就出了一個謎語：「背與屋一般大，肚子有枕頭般大，嘴巴有碗盞般大。」

眾人猜不出來，都說：『天下哪裏有嘴巴跟碗盞大、背跟屋大的物件？定無此物，必須跟他賭輸贏。」

侯白與眾人打賭完畢，便解釋道：「這是胡燕窩。」眾人大笑不止。

有一次出席宴會，眾人又提議猜謎，並有言在先，一定不得出隱晦難識、稀奇古怪，或人們從未見過的物件。侯白應聲說道：「有一物大如狗，面貌很像牛，這是什麼東西？」有人說是獐子，有人說是鹿子，侯白都說不是。大家讓他做解答，侯白道：「此是犢子。」

## 【原文】

侯白仕唐，嘗與人各為謎，白曰：「必須是實物，不得虛作解釋，浪惑眾人。若解訖無有此物，即須受罰。」白即云：「背共屋許大，肚共枕許大，口共盞許大。」眾人射不得，皆云：「天下何處有物共盞許大口而背共屋許大者？定無此物，必須共賭。」白與眾賭訖，解云：「此是胡燕窠。」眾皆大笑。又逢眾宴，俱令作謎，必不得幽隱難識及詭詰希奇，亦不假合而成，人所不見者。白即應聲曰：「有物大如狗，面貌極似牛。此是何物？」或云是獐，或云是鹿，皆云不是，即令白解，云：「此是犢子。」

傳隋侯白撰《啟顏錄》

# 黃幡綽的故事

黃幡綽係中國古代民間故事中的一位俳優型機智人物。其原型是唐玄宗時的一個優人，他滑稽風趣，常常假借戲謔之言，警悟君王，解紛救禍。他的趣聞逸事，見於唐段成式撰《酉陽雜俎》、唐趙璘撰《因話錄》、唐趙鄭綮撰《開天傳信記》、唐佚名撰《松窗雜錄》、宋李昉等編《太平廣記》、明馮夢龍編纂《古今譚概》、清獨逸窩退士輯《笑笑錄》、近人曹繡君編《伶官譎諫錄》等。

## 一轉入流

某日，唐玄宗[1]登上苑北樓遠望渭水，看見有一個喝醉酒的人睡在水邊上。

唐玄宗問左右的隨從：「那個是何人？」

隨從回答不出來，於是打算派人去探詢。

黃幡綽說：「那是年滿令史[2]。」

唐玄宗問道：「怎麼知道是他？」

黃幡綽說：「更一轉入流[3]。」

唐玄宗一聽便笑起來，不再往下講了。

## 【原文】

上又嘗登苑北樓，望渭水，見一醉人臨水臥。問左右曰：「是何人？」左右不知，將遣使問之。幡綽曰：「是年滿令史。」上問曰：「汝何以知？」對曰：「更一轉入流。」上笑而止。

唐趙璘撰《因話錄》

## 【註釋】

1 唐玄宗（六八五至七六二）：即李隆基，一稱唐明皇，唐代皇帝，西元七一二至七五六年在位。

2 令史：縣府的低級官吏，屬於流外官。

3 入流：舊時官吏的官階在九品以內為「流內」，九品以外為「流外」。九品外的官吏進入九品內，稱為「入流」。

# 噴帝

有一次，唐明皇玄宗與諸位王爺在一起餐。寧王不小心使飲食誤入氣管，嗆了一下，把飯噴到皇上的鬍鬚上。

寧王感到非常惶恐、慚愧。唐玄宗看到寧王那個樣子，打算去安慰他。

黃幡綽說：「陛下，不是『錯喉』。」

皇上忙問：「那是什麼？」

黃幡綽回答道：「是『噴帝』（諧音『噴嚏』）。」

唐玄宗一聽便笑了起來。

【原文】

明皇與諸王會食。寧王錯喉，噴上鬚。王驚慚不遑。上顧其悚悚，欲安之。黃幡綽曰：「此非『錯喉』。」上曰：「何也？」對曰：「是噴帝。」上大悅。

明馮夢龍編纂《古今譚概》巧言部第二十八

## 自家兒得人憐

有一回，唐玄宗問黃幡綽：「誰家小兒受疼愛？」

黃幡綽回答道：「自家的小兒受疼愛。」

當時，楊貴妃在宮廷之中最為得寵，竟認安祿山[1]為義子。唐玄宗的兒子李亨[2]在宮中處境非常不好，常常感到危險和恐懼。唐玄宗聽到黃幡綽的這一番話，低頭思索了好一會。

【原文】

玄宗問黃幡綽：「是勿兒得人憐？」對曰：「自家人得人憐。」時楊妃寵極中宮，號祿山為子。肅宗在東宮，常危。上聞幡綽言，俯首久之。

宋李昉等編《太平廣記》卷一六四

【註釋】

1 安祿山（七〇三至七五七）：唐營州柳城（今遼寧朝陽）胡人，為安史之亂的首領。

2 李亨：即唐肅宗（七一一至七六二），唐代皇帝，西元七五六至七六二年在位。

## 找尋良馬

唐玄宗愛好擊毬。他對皇宮內廄裏面飼養的馬匹，並不感到很滿足。有一次，與黃幡綽閒聊的時候，唐玄宗說道：「我很久以來就想尋找良馬，不知道誰人精通馬經？」黃幡綽回答道：「微臣知道。」接著又說道：「如今，三位丞相無不精通馬經。」唐玄宗說道：「我與三位丞相在談論政事之外，就全都在研究其他學問，可是沒有聽說過有誰精通馬經呀。你是從哪裏得知的？」

黃幡綽說：「微臣常常在沙堤上看見他們所騎的，都是良馬。因此，知道他們必定精通馬經。」

唐玄宗於是大笑起來，接著又講到旁的事情了。

【原文】

唐玄宗好擊毬[1]，內馬廄所飼者，意猶未甚適。會與黃幡綽戲語相解，因曰：「吾欲良馬久之，而誰能通於馬經者？」幡綽奏曰：「臣能知之。」且曰：「今三丞相悉善馬經。」上曰：「吾與三丞相相語政事外，悉究其旁學，不聞有通馬經者，爾焉得知之？」幡綽曰：「臣自日日沙堤上，見丞相所乘皆良馬也，三以必知通馬經。」上因大笑而語他。

宋李昉等編《太平廣記》卷二五〇

【註釋】

1 擊毬：古代騎在馬上用杆子擊毬的一種遊戲。毬，同「球」。

## 見屈原

相傳，唐玄宗曾經命令左右的隨從把黃幡綽捉來，扔到池水裏面。

黃幡綽從水裏爬上來以後，說道：「微臣方才在水裏見到了屈原。他譏笑微臣說，我遇到暴虐的楚懷王，把我沉到汨羅江中；你遇到聖明的皇上，為何到這裏來了？」

【原文】

相傳玄宗嘗令左右捉黃幡綽入池水中，復出，幡綽曰：「向見屈原笑臣，爾遭逢聖明，何爾至此？」

唐段成式撰《酉陽雜俎》續集卷四

## 嘲文樹

唐代安西牙將劉文樹口齒伶俐，善於奏對，唐玄宗常常嘉獎他。劉文樹下巴上長了許多鬍鬚，有點像猿猴。皇上讓黃幡綽把他嘲笑一番。

劉文樹對於「猿猴」這個綽號深惡痛絕，便悄悄賄賂黃幡綽，請求他不要這樣嘲笑自己。黃幡綽當場答應了劉文樹。

到皇上那裏後，黃幡綽這樣嘲笑道：「可憐好個劉文樹，髭鬚濃密臉上布，文樹面孔不似猢猻，猢猻面孔強似文樹。」

皇上知道黃幡綽受賄了，竟大笑起來。

【原文】

唐安西牙將劉文樹口辯，善奏對，明皇每嘉之。文樹髭下頷下，貌類猴。上令幡綽嘲之。文樹切惡猿猴之號，乃密賂幡綽不言之。幡綽許而進嘲曰：「可憐好個劉文樹，髭鬚共頦頤別住；文樹面孔不似猢猻，猢猻面孔強似文樹。」上知其遺賂，大笑。

宋李昉等編《太平廣記》卷二五五

## 琅璫驛

唐玄宗小字三郎。安祿山、史思明叛亂，攻入京城長安後，唐玄宗逃往四川。當經過梓潼縣時，玄宗停在一個驛站上休息，隨口問黃幡綽說：「你聽，車上的鈴聲好像是人語。」黃幡綽回答道：「好像是在說『三郎郎當』、『三郎郎當』。」後來，人們便把這個驛站叫做「琅璫驛」。

【原文】

玄宗小字三郎。幸蜀時，過梓潼縣，上停驛問黃幡綽曰：「車上鈴聲頗似人語。」對曰：「似言『三郎郎當[1]』、『三郎郎當』。」後因名琅璫驛。

明馮夢龍編纂《古今譚概》巧言部第二十八

【註釋】

1 郎當：玉石撞擊的聲音。

## 圓夢

唐玄宗逃往四川時，黃幡綽曾經陷入賊黨包圍之中。賊黨被擒以後，便盛傳黃幡綽忘記了皇上的恩寵，還跟叛賊圓夢，常常順從叛賊。比如說，安祿山夢見其衣袖長拖至階下，他便解釋為「垂衣而治」；安祿山又夢見宮殿中的槅子倒下了，他便解釋為「革故鼎新」。

唐玄宗問黃幡綽這是怎麼回事？黃幡綽說：「根本不是那麼回事。叛賊夢見長袖，是『出手不得』；他又夢槅子倒，是『糊不得』。」

唐玄宗聽罷笑了笑，便不再追究此事。

【原文】

玄宗在蜀，黃幡綽陷在賊中。賊黨就擒，有謂：「幡綽忘上恩寵，與賊圓夢，每順其情。」如祿山夢見衣袖長拖至階下，則解曰：「垂衣而治[1]。」又夢見殿中槅子[2]倒下，則解曰：「革故鼎新[3]。」上詰幡綽，幡綽曰：「非也。逆賊夢衣袖長，是『出手不得』。又夢槅子倒，是『糊不得』。」上笑釋之。

明馮夢龍編纂《古今譚概》機警部第二十三

【註釋】

1 垂衣而治：指毫不費力便可以治理好國家。

2 槅子：房屋裏面有格子的門或者隔扇。

3 革故鼎新：指改朝換代。

# 敬新磨的故事

敬新磨係中國古代民間故事中的一位俳優型機智人物。其原型敬新磨是後唐莊宗時的一個伶人。他善於表演滑稽戲，常以詼諧之語諷諫君王。他的趣聞逸事，見於宋歐陽修撰《新五代史·伶官傳》以及明鄭暄輯《昨非庵日纂》、明馮夢龍編纂《智囊補》、明馮夢龍編纂《古今譚概》、清鐵舟寄庸撰《笑典》、近人曹繡君編《伶官譎諫錄》等。

## 臣與陛下為一體

敬新磨常到宮殿裏去奏事。殿中養了許多惡狗，有一次，敬新磨正在殿中走，一隻狗起身追逐他。

敬新磨倚靠著柱子高聲呼喊道：「陛下，不要放你的兒女來咬人！」

後唐莊宗家族本是西突厥別部——沙陀族人。沙陀族素來有狗崇拜的習俗，忌諱說狗。敬新磨這樣譏諷，使得莊宗大怒，立刻張弓拉箭要射殺敬新磨。

敬新磨急速呼喊道：「陛下不要殺微臣，臣與陛下為一體，殺了臣不吉祥啊！」

莊宗聞聽此話十分吃驚，忙問他是什麼緣故。

敬新磨對答道：「陛下開國時，改年號為『同光』，天下人都稱呼陛下為『同光帝』。這『同』就是『銅』啊。假如陛下殺了我敬新磨（諧音『精心磨』），那麼銅（諧音『同』）就無光啦。」

莊宗大笑，便把敬新磨釋放了。

## 【原文】

敬新磨嘗奏事殿中，殿中多惡犬，新磨去，一犬起逐之。新磨倚柱而呼曰：「陛下毋縱兒女噬人！」莊宗[1]家世夷狄，夷狄之人諱狗[2]，故新磨以此譏之。莊宗大怒，彎弓注矢將射之。新磨急呼曰：「陛下無殺臣，臣與陛下為一體，殺之不祥！」莊宗大驚，問其故。對曰：「陛下開國，改元『同光』，天下皆謂陛下『同光帝』。且『同』，『銅』也。若殺敬新磨，則同無光矣。」莊宗大笑，乃釋之。

歐陽修撰《新五代史・伶官傳》

## 【註釋】

1 後唐莊宗：即李存勖（八八五至九二六），沙陀族人，五代唐朝的建立者，西元九二三至九二六年在位，年號同光。

2 沙陀族素來有狗崇拜的習俗。

# 中牟巧諫

後唐莊宗喜好打獵。他在中牟縣打獵的時候，踐踏了老百姓的田地，中牟縣的縣令出來擋住他的馬懇切陳詞，為民請命。莊宗非常氣憤，當場苛責中牟縣令，把他趕走了，還打算把他處死。

敬新磨知道這樣做很不妥當，立即帶領藝人們去追趕中牟縣令，把他抓到莊宗的馬前，大聲音指責道：「你當了縣令，竟不知道天子喜好打獵。為什麼要放縱老百姓去種莊稼來完糧納稅？為什麼不讓老百姓餓肚子，而把這些田地空下來供天子打獵的時候馳騁？你的罪孽深重，難逃一死！所以我們特地前來請求將此人處以極刑。」

藝人們也跟著說不能饒了這個縣令。

莊宗聽了敬新磨的這番話，忍不住大笑起來。於是，中牟縣令便逃過了一劫。

## 【原文】

莊宗好畋獵，獵於中牟，踐民田。中牟縣令當馬切諫，為民請。莊宗怒，叱縣令去，將殺之。伶人敬新磨知其不可，乃率諸伶走追縣令，擒至馬前責之曰：「汝為縣令，獨不知吾天子好獵耶，奈何縱民稼穡以供稅賦！何不飢汝縣民而空此地，以備吾天子之馳騁？汝罪當死。」因前請亟行刑。諸伶共唱和之。莊宗大笑，縣令乃得免去。

宋歐陽修撰《新五代史・伶官傳》

# 「李天下」

有一次，後唐莊宗與藝人們在庭院裏面嬉戲玩耍，到處看了看，高聲喊道：「李天下，李天下！李天下在哪裏？」

敬新磨突然走上前去，給了莊宗一記耳光。

莊宗大驚失色，隨從們一個個心驚膽戰，眾藝人也被嚇得不得了，忙抓住敬新磨，問道：「你為啥要搧天子的耳光？」

敬新磨回答道：「『李天下』就是陛下一人。除了陛下外，還有什麼人能夠叫『李天下』？」

聽敬新磨這樣一講，隨從們都笑了。莊宗無比欣喜，於是給了敬新磨很豐厚的賞賜。

【原文】

莊宗嘗與群優戲於庭，四顧而呼曰：「李天下，李天下何在？」敬新磨遽前以手批其頰。莊宗失色，左右皆恐，群伶亦大驚駭，共持新磨，詰曰：「汝奈何批天子頰？」新磨對曰：「『李天下』者，一人而已。復誰呼耶？」於是左右皆笑。莊宗大喜，賜與新磨甚厚。

宋歐陽修撰《新五代史・伶官傳》

# 石中立的故事

石中立係中國古代民間故事中的一位文人型兼官宦型機智人物。其原型石中立，字表臣，人稱「石學士」，洛陽（今屬河南省）人。性疏曠好諧，初補西頭供奉官，擢直集賢院，校讎祕書。景祐中拜參知政事，以少師致仕。他的趣聞逸事，見於宋歐陽修撰《歸田錄》、宋司馬光撰《涑水記聞》、宋張師正撰《倦遊雜錄》、宋文瑩撰《湘山野錄》、宋魏泰撰《東軒筆錄》、宋范鎮撰《東齋記事》、元邢居實撰《拊掌錄》、明潘塤輯《楮室記》、明謝肇淛撰《五雜俎》、明何良俊撰《何氏語林》、明馮夢龍編纂《古今譚概》、明樂天大笑生纂集《解慍編》、明馮夢龍輯《廣笑府》、明浮白齋主人《雅謔》、清獨逸窩退士輯《笑笑錄》、近人楊汝泉編纂《滑稽故事類編》、近人曹繡君編《姓氏嘲謔錄》等。

## 苑中獅和苑外狼

石中立生性滑稽，他做員外郎的兼職時，西域進貢的獅子餵養在皇家的園林裏面，每天拿十五斤羊肉來給牠吃。

石中立曾經帶領同僚前往皇家園林看獅子。有人感歎道：「牠不過是頭野獸，每天的供給卻如此的闊氣。我輩真有愧於郎曹這樣的要職，每天供給只不過幾斤，人反而不如野獸！」

石中立說：「老兄怎麼不知道自己的身份呢？牠乃是苑中獅，我輩卻是員（苑）外郎（狼），怎麼能夠比得上呢！」

【原文】

石參政中立，性滑稽，為員外郎貼職[1]時，西域貢獅子，蓄於御苑，日給羊肉十五斤。嘗率同僚往觀之，或歎曰：「彼獸也，日給乃爾，吾輩忝預郎曹，日不過數斤。人反不獸乎！」石曰：「君何不知分邪？彼乃苑中獅子，吾曹員（苑）外郎（狼）耳，安可比耶！」

宋張師正撰《倦遊雜錄》

【註釋】

1 貼職：兼職。

## 度（杜）撰

石中立在中書省供職的時候，一天，盛度到皇宮裏面值班，撰寫的《張文節公知白神道碑》，送到皇上那裏後呈放在中書省。石中立故意問盛度：「是誰撰的？」盛度倉促之中回答道：「度撰。」他剛講完就醒悟到自己的回答是諧音「杜撰」，在座的同僚聽到盛度的回答，都忍不住大笑不止。

【原文】

石參政中立在中書[1]時，盛文肅度[2]禁林當直，撰《張文節公知白神道碑》進御罷，呈中書，石急問之：「是誰撰？」盛卒對曰：「度撰。」對訖方悟，滿堂大笑。

宋文瑩撰《湘山野錄》

【註釋】

1 中書：即中書省，官署名。北宋前期掌供郊祀及皇帝冊文、幕職州縣官較考等事。

2 盛度：北宋大臣，累官尚書屯田員外郎等。

## 憶父

有一天，王文公家裏舉行送葬禮。參加葬禮的賓客都是執政以及沒有官職的王公貴族子弟，他們都穿著白色的襴衫或者是羅的，或者是絹的，有一定的差別。

這時，石中立突然放聲慟哭起來。有人問他為什麼這樣悲傷。

石中立說：「我思念父親。」

人們不理解他的意思，便問他：「是什麼緣故？」

石中立說：「家父在世的時候，我應當穿羅襴衫才是。」因為執政的子弟穿羅，而石中立僅僅穿絹襴衫。

在座的人們聽了，都忍不住大笑起來。

## 【原文】

又嘗於文公[1]家會葬[2]。坐客乃執政及貴遊[3]子弟，皆服白襴衫[4]，或羅或絹，有差等。中立忽大慟。人問其故，曰：「憶吾父。」又問之，曰：「父在時，當得羅襴衫[4]。」蓋見在執政子弟服羅，而石止服絹。坐中皆大笑。

宋邢居實撰《拊掌錄》

## 【註釋】

1 王文公：北宋政治家、文學家思想家王安石（一〇二一至一〇八六）。

2 會葬：會合行送葬之禮。

3 貴遊：無官職的王公貴族。

4 襴衫：古時候一種上下衣裙相連的服裝。

# 劉貢父的故事

劉貢父係中國古代民間故事中的一位文人型兼官宦型機智人物。其原型劉攽（一〇二三至一〇八九），字貢父，或作贛父，號公非，臨江新喻（今江西省新餘市）人。慶曆進士，官至中書舍人。精於史學，是司馬光撰《資治通鑑》的重要助手。他為人疏放而有才識。蘇東坡稱讚他「滑稽辯捷，為近世之冠」。其趣聞逸事，見於宋司馬光撰《涑水記聞》、宋王辟之撰《澠水燕談錄》、宋魏泰撰《東軒筆錄》、宋張耒撰《明道雜誌》、宋邵伯溫撰《邵氏聞見錄》、宋王銍撰《默記》、宋何薳撰《春渚紀聞》、宋邵博撰《聞見後錄》、宋呂居仁撰《軒渠錄》、宋朱弁撰《曲洧舊聞》、宋趙令畤撰《侯鯖錄》、宋孫宗鑑撰《東皋雜錄》、元邢居實撰《拊掌錄》、明鄭暄輯《昨非庵日纂》、明郁履行輯《謔浪》、明鍾惺輯《諧叢》、明趙南星撰《笑贊》、明鍾惺輯《諧叢》、明何良俊撰《何氏語林》、明樂天大笑生纂集《解慍編》、明馮夢龍編纂《古今譚概》、明馮夢龍輯《廣笑府》、清褚人穫輯《堅瓠集》、清獨逸窩退士輯《笑笑錄》、近人楊汝泉編纂《滑稽故事類編》、近人憨齋士纂輯《笑林博記》、近人曹繡君編《姓氏嘲謔錄》等。

# 巧投拜帖

劉貢父在史館供職那會兒，遇到過節的時候，有同事派僕人把拜帖放進盛放裝書信的書筒裏，分送到各個熟人家去。劉貢父知道後，便叫住送名帖的僕人，坐到一旁的房間裏犒賞酒肉，隨即取出書筒內的拜帖來看。凡是送給和自己有一面之交的名帖，全部換成自己的拜帖。

那個僕人吃好酒菜，再三致謝，然後走遍大街小巷，去為劉貢父送拜帖，而他家主人的好些拜帖，卻沒有送出去。

## 【原文】

劉貢父為館職，節日，同舍有令從者以書筒[1]盛門狀[2]遍散於人家。貢父知之，乃呼住所遣人，坐於別室，犒以酒炙；因取書筒視之。凡與貢父有一面之舊者，盡易以貢父門狀。其人既飲食，再三致謝，遍走巷陌，實為貢父投刺，而主人之刺遂不得送。

宋呂居仁撰《軒渠錄》

## 【註釋】

1 書筒：裝書信的郵筒。

2 門狀：拜帖、名帖。

## 獻策

王安石當宰相的時候，大講特講興修天下水利之事。有一次，劉貢父去拜訪王安石，正好碰到有一位客人在座。那人向王安石獻計獻策說：「把梁山泊的水放光，讓它乾涸，就可以得到良田萬頃。只是還沒有想好把它的水貯藏到什麼地方去。」

王安石低頭沉思片刻，說道：「是呀，這麼多水，怎麼存貯啊！」

劉貢父高聲講道：「這一點都不難。」

王安石很高興，以為有了對策，忙問劉貢父。

劉貢父說：「再開鑿一個梁山泊，就完全可以把這些水貯存起來了。」

王安石一聽大笑起來，便不再考慮這件事了。

### 【原文】

王介甫為相，大講天下水利。劉貢父嘗造介甫，值一客在坐，獻策曰：「梁山泊決而涸之，可得良田萬傾，但未擇得利便之地貯其水耳。」介甫傾首沉思，曰：「然，安得所貯許水乎？」貢父抗聲曰：「此甚不難。」介甫欣然，以為有策，遽問之。貢父曰：「別穿一梁山泊，則足以貯此水矣。」介甫大笑，遂止。

明何良俊撰《何氏語林》卷二十七

# 乘騍馬而出

劉貢父剛入史館時，常常乘一匹母馬外出。

有人見了對他說：「這樣的馬難道是先生要騎的嗎？您也沒考慮過上朝的時候，會有從群者可能跟著奔跑造成災難嗎？」

劉貢父回答道：「是的，我會處置好的。」

那人問他：「您將如何處置呢？」

劉貢父說：「我讓人買回青布做一條圍裙，繫在馬屁股後面。」

那人說：「這樣做更詭異了。」

劉貢父說：「有什麼辦法呢？我剛到館閣，薪俸微薄，難以支付昂貴的費用，只得找便宜的，拿這樣的馬來代步。想不到竟遭到諸位如此深的責備，現在不得不以此來掩住說怪話人的口。這有什麼不妥呢？」

## 【原文】

劉貢父初入館，乘一騍馬[1]而出，或言：「此豈公所乘，亦不慮趨朝之際，有從群者或致奔馳之患難耶？」貢父曰：「吾將處之也。」或問：「何以處之？」曰：「吾令市青布，作小襜[2]繫之馬後耳。」或曰：「此更詭異也。」貢父曰：「我初幸館閣之除[3]，俸入儉薄，不給桂玉之用[4]，因就廉直，取此馬以代步。不意諸君子督過之深，姑為此，以掩言者之口耳。」

明何良俊撰《何氏語林》卷二十七

【註釋】

1 騍馬：母馬。
2 小襜（音同攙）：圍裙。
3 除：初。
4 桂玉之用：昂貴的費用。

# 蘇東坡的故事

蘇東坡係中國古代民間故事中的一位官宦型兼文人型機智人物。其原型蘇軾（一〇三七至一一〇一），字子瞻，號東坡居士，眉山（今屬四川省）人。嘉祐進士。英宗時為直史館。神宗時因反對王安石新法，自請出外，通判杭州，知密州、徐州、湖州。後以言者摘其詩語為訕謗朝政，貶謫黃州。哲宗時召還，為翰林學士，官至禮部尚書。紹聖中又貶謫惠州、瓊州，赦還，明年卒於常州。他仕途坎坷，歷盡沉浮。但其為人正直，襟懷坦蕩，雖飽受磨難仍樂觀詼諧，卓躒不羈。他多才多藝，在文學藝術諸多領域均獲得非凡成就。其趣聞逸事，見於宋、元、明、清的許多筆記、雜史、方志、詩話、類書等等，不勝枚舉。

## 均是藥名

某天，蘇東坡與姜至之坐在一起。姜至之提議，二人列舉當天在座位上能看到的物件，有哪些是藥名的。

他隨即指著蘇東坡說：「先生您就是藥名。」

蘇東坡問姜至之此話怎麼講，姜至之答道：「子蘇子。」

蘇東坡立即說：「先生也是藥名啊！假若不是半夏，一定是厚朴。」

姜至之問蘇東坡此話怎講，蘇東坡說：「不是半夏、厚朴，怎麼會講『薑制之』呢？」

【原文】

蘇東坡與姜至之[1]同坐。姜舉今日坐間各要一物是藥名。因指東坡曰：「君藥名也。」問其故，曰：「子蘇子。」東坡應聲曰：「君亦藥名也。若非半夏，定是厚朴。」姜詰其故，曰：「非半夏、厚朴，何以曰『薑制之』？」

宋孔仲平撰《孔氏談苑》

【註釋】

1 姜潛：字至之，北宋文人，宋神宗曾經召其入宮與對。

## 三白飯

有一次，蘇東坡與劉貢父講：「我與兄弟為參加科舉考試一起攻讀時，每天都享用『三白』，吃起來味美無比，不再相信人世間還有龍肝、鳳髓、豹胎、熊掌等八種珍饈美味喲。」

劉貢父問道：「『三白』是什麼東西？」

蘇東坡答道：「一撮鹽、一碟生蘿蔔、一碗飯，這便是『三白』啊！」

劉貢父聽了哈哈大笑。過了好長一段時間，他送請柬邀蘇東坡到他家吃「皛飯」。

此時，蘇東坡早已忘了曾經對劉貢父講過『三白』的故事，他對人說：「劉貢父書讀得很多，『皛飯』必有來歷。」

等到去劉貢父家吃飯的時候，蘇東坡看見桌上擺放的只有鹽、蘿蔔、米飯三樣東西，這才醒悟過來，知道劉貢父擴「三白」的故事來和他逗樂。於是趕快用勺和筷子把桌上的吃食幾乎一掃而光。

蘇東坡告辭，臨上馬的時候對劉貢父說：「明天請你過來，必當奉上『毳飯』款待您。」

劉貢父雖說料到蘇東坡可能會戲弄自己，但是不知道這『毳飯』究竟是什麼東西，還是按時來到蘇東坡家裏。

二人坐定，聊了很長時間，都過午了，還不見上菜。劉貢父感到饑腸轆轆，便開口請求開飯。

蘇東坡說：「稍等一會兒。」

如此應對再三，蘇東坡仍舊天南地北地聊天，若無其事。

劉貢父喊道：「快上飯，我餓得實在忍不住啦！」

蘇東坡這才慢慢地說：「鹽也毛，蘿蔔也毛，飯也毛，不是『毳』是啥？」

劉貢父聽了捧腹大笑，說道：「鄙人固然知道先生必定要報復我，然而怎麼也沒有想到你會來這一手啊！」

蘇東坡這才讓家人端上飲食款待劉貢父，一直到天快黑時劉貢父才離去。

## 【原文】

蘇東坡與劉貢父言：「軾與舍弟習制科時，日享『三白』，食之甚美，不復信世間有八珍[1]也。」貢父問：「『三白』何物？」答曰：「一撮鹽、一碟生蘿蔔、一碗飯，乃『三白』也。」貢父大笑。久之，以柬招坡過其家吃「皛飯」。坡不省憶嘗對貢父「三白」之說也，謂人云：「貢父讀書多，必有出處。」比至赴，見案上所設，唯鹽、蘿蔔、飯而已，乃始悟貢父以「三白」相戲笑，投匕箸食幾盡。將上馬，云：「明日可見過，當具『毳飯』奉待。」貢父雖恐其為戲，但不知「毳飯」所設何物。如期而往，談論過食時，貢父饑甚索食，東坡云：「少待。」如此者再三，東坡答如初。貢父曰：「饑不可忍矣！」東坡徐曰：「鹽也毛[2]，蘿蔔也毛，飯也毛，非『毳』而何？」貢父捧腹曰：「固知君必報東門之役，然慮不及此也！」東坡乃命進食，抵暮而去。

宋朱弁撰《曲洧舊聞》

【註釋】

1 八珍：龍肝、鳳髓、豹胎、熊掌、鯉尾、猩唇、鴞炙、酥酪蟬等八種珍貴的食品。

2 毛：沒有。

## 西漢果有揚子雲否

王安石談論到西漢揚雄投閣之事，認為是史臣們的妄斷。他說，揚子雲哪裏會投閣自殺呀！另外，所謂寫《劇秦美新》向王莽諂媚，也是後人誣衊揚子雲的。

過一些時間，王安石見到蘇東坡，又談論起這件事。

蘇東坡說：「在下也懷疑一件事。」

王安石問道：「懷疑什麼事？」

蘇東坡回答：「我懷疑西漢真有揚子雲這個人嗎？」

人們聽到蘇東坡這樣講，都忍不住大笑起來。

## 【原文】

荊公論揚子雲[1]投閣事，此史臣之妄耳。豈有揚子雲而投閣者！又《劇秦美新》亦後人誣子雲耳。子雲豈肯作此文？他日見東坡，遂論及此。東坡云：「某亦疑一事。」荊公曰：「疑何事？」東坡曰：「西漢果有揚子雲否？」聞者皆大笑。

宋施德操撰《北窗炙輠錄》卷上

## 【註釋】

1 揚雄（前五三至一八）：一作楊雄，字子雲，蜀郡成都人，西漢文學家、哲學家、語言學家。他在漢成帝時，當了給事黃門郎。王莽時期為大夫，校書天祿閣。曾經作《劇秦美新》奉承王莽。據《漢書・揚雄傳》記載，王莽時他受劉歆案件牽連，害怕脫不了干係，便從閣上跳下，幾乎摔死。王安石對於揚雄有好感，因而一再為其過失辯解。

## 評《字說》

王荊公（王安石）撰寫了一部《字說》，其中有不少穿鑿附會之處。蘇東坡、劉貢父免不了對其有所譏刺。

劉貢父問王安石：「牛的身體比鹿強壯，鹿的速度比牛快得多，如今『犇』、『麤』二字，字義都是相反的，那麼應當做何解釋？」

蘇東坡也問：「用竹鞭抽馬為『篤』，不知用竹鞭抽犬有何可『笑』？」

蘇東坡又曾經舉「坡」字來向王安石請教。

王安石說道：「『坡』者，『土』之『皮』也。」

蘇東坡笑道：「那麼說『滑』字豈不就是『水』之『骨』嗎？」

王安石竟無言以對。

### 【原文】

王荊公作《字說》，穿鑿杜撰。劉貢父問之曰：「牛之體壯於鹿，鹿之行速於牛。今『犇[1]』、『麤[2]』二字，其意皆反之，何也？」坡公亦問曰：「以竹鞭馬為『篤』，不知以竹鞭犬有和可『笑』？」又嘗舉「坡」字問荊公何義。公曰：「坡者，土之皮。」坡公笑曰：「然則滑者，水之骨乎？」荊公並無有答。

明馮夢龍編纂《古今譚概》塞語部二十五

【註釋】

1 犇：「奔」的異體字。

2 麤：「粗」的異體字。

## 三光日月星

元祐初年，蘇東坡又拜官翰林學士，到驛館去陪伴從北邊方來的遼國使者。那個遼國使者早已聽說過蘇東坡的大名，這回來到開封就想出奇制勝，為難一下蘇東坡。他們國家過去有一聯曰：「三光日月星」，從來沒有人能夠對得上，遼國使者便請蘇東坡來對。

蘇東坡點點頭，對遼國副使說道：「我能夠而你們卻不能，也不好不顧全國的體面喲。『四時風雅頌』，可以說是天生的一對。你何不先拿去回覆他呢。」

那個副使果然將蘇東坡答覆的話語告訴了遼國使者。

遼國使者正感到驚訝的時候，蘇東坡又慢慢地對道：「四德元亨利。」

遼國使者張大眼睛仰視著蘇東坡，準備與其辯論時，蘇東坡就說：「您可能會說我忘掉了其中一個『貞』字？您還是謹言慎行為好。貴我兩朝乃是兄弟之邦，您是外臣，要知道這個字此乃是仁宗皇帝的廟諱啊。」

這一句話出乎遼國使者的意料，他異常驚駭，再也不敢吭聲了。

## 【原文】

元祐初，東坡復除翰林學士，充館伴北使。遼使素聞其名，思以奇困之。其國舊有一對曰「三光日月星」，無以屬者，首以請於坡。坡唯唯，謂其介[1]曰：「我能而君不能，亦非所以全大國之體。『四時[2]風雅頌[3]』，天生對也。盍先以此覆之？」介如言。使方歎愕，坡徐對曰：「四德[4]元亨利。」使睢盱[5]欲起辯。坡曰：「而謂我忘其一耶？謹閟[6]而舌，兩朝兄弟邦，卿為外臣，此固仁祖[7]之廟諱[8]也。」使出其不意，大駭服。

明馮夢龍編纂《古今譚概》巧言部二十八

## 【註釋】

1 介：副使。
2 四時：指春、夏、秋、冬；亦指朝、暮、晝、夜。
3 風雅頌：指《詩經》國風、大小雅和頌三種體裁。
4 四德：《周易》「乾」卦卦辭中的元、亨、利、貞稱為四德。對於「元亨利貞」的涵義，歷來解釋不一。
5 睢盱（音同雖須）：張目仰視貌。
6 謹閟（音同必）：謹慎。
7 宋仁宗（一〇一〇至一〇六三）：即趙禎，北宋皇帝，一〇二二至一〇六三年在位。
8 廟諱：封建時代稱皇帝祖父的名諱為「廟諱」。

# 吾從眾

蘇東坡在揚州的時候，設宴請十多位客人，都是當時的名士。書法家米元章也在座。

飲酒過了一半的時光，米元章忽然站起來說道：「我有一件小事要對前輩們講，世人都叫我『米癲子』，請問這樣說對不對？」

蘇東坡回答道：「我跟著大家叫。」在座的客人聽了都大笑起來。

## 【原文】

東坡在維揚，設客十餘人，皆一時名士。米元章[1]在焉。酒半，元章忽起立云：「少事白吾丈，世人皆以芾為顛，願質之。」坡云：「吾從眾。」坐客大笑。

宋趙令時撰《侯鯖錄》

## 【註釋】

1 米芾（一〇五一至一一〇七）：字元章，北宋書畫家。宋徽宗召為書畫學博士，官禮部員外郎。因舉止「癲狂」，人稱「米癲」。

# 今日斷屠

有一次，黃庭堅和蘇東坡開玩笑，講道：「當年王羲之的家叫做『換鵝書』。韓宗儒是個生性好吃的饕餮，每逢得到先生的一帖墨寶，便到殿帥姚麟處換羊肉十多斤，可取名先生的二丈書為『換羊書』啊！」蘇東坡聽了開懷大笑。

一天，蘇東坡在翰林院，因為皇帝誕辰臨近，準備過聖節，公務十分繁忙。韓宗儒一天之內寫了好些個書簡，派人送到庭下一個勁兒地催促，希望得到蘇東坡的回信。

蘇東坡笑道：「快傳話去，說本官今日斷屠，沒有羊肉可吃啊！」

## 【原文】

魯直[1]戲東坡曰：「昔王右軍字為『換鵝書』。韓宗儒[2]性饕餮，每得公一帖，於殿帥姚麟[3]許換羊肉十數斤，可名二丈書為『換羊書』矣。」東坡大笑。一日，公在翰苑，以聖節[4]製撰紛冗，宗儒日作數簡，以圖報書，使人立庭下督索甚急。公笑語曰：「傳語本官今日斷屠！」

宋趙令畤撰《侯鯖錄》

【註釋】

1 黃庭堅（一〇四五至一一〇五）：字魯直，稱山谷道人，洪州分寧（今江西修水）人，北宋詩人、書法家。

2 韓宗儒：北宋大臣。

3 姚麟：字君瑞，北宋武將，官至都指揮使，節度建雄定武軍。

4 聖節：皇帝誕辰。

## 伐塚

蘇子由在政府任職，蘇東坡進了翰林院。有一位熟人打算託蘇子由辦事，因而先去見蘇東坡，希望他幫忙傳話，以便得到差遣。這時，蘇東坡開口慢吞吞地講了一個故事：

「聽說老年間有一個人非常貧困，難以過活，就打主意去挖墳盜墓。他挖開一座墳墓，看見一個人赤裸裸地坐著，說道：『我是楊王孫，並沒有什麼東西可以救濟你啊！』這個人又去鑿另一座墳墓，用了很大力氣才鑿開。他進去以後，看見一個帝王模樣的人對他說道：『我是漢文帝，留下遺訓不讓在墓穴裏放置金、玉物件，凡器皿都用陶、瓦做成，你找不到值錢的東西，快快出去吧！』此人又去挖一個連在一起的兩座墳墓，先去鑿穿左邊那座，很長時間才挖開。他看見一個人十分瘦弱，面有饑色，對他說：『我是伯夷，餓死在首陽山上，怎麼能夠滿足你的要求啊！』這個人歎息道：『我花費了如此大的力氣，竟然一無所獲。不如再挖兩座墳墓，也許可以得到點什麼。』這時，那個瘦弱的人對他說：『我勸你還是到旁的地方去挖吧。你看看我瘦成這個樣子，舍弟叔齊豈能為人啊！』」

這個熟人聽了這個故事，便大笑而去。

## 【原文】

子由[1]秉政，子瞻在翰苑，有故人欲干子由，因見子瞻，求其轉言，冀得差遣。公徐曰：「舊聞一人甚貧，無以為生，乃謀伐塚。遂破一墓，見一人裸體而坐，曰：『我楊王孫[2]也，無物濟汝。』復鑿一塚，用力頗艱。既入，見一王者，曰：『我漢之文帝[3]，遺制壙中無納金玉，器皆陶瓦，汝可速出。』復二塚相連，乃先穿其左者，久之方透，見一人羸瘠而有饑色，曰：『我伯夷[4]也，餓死首陽，安得應汝之求？』其人歎曰：『用力勤矣，竟無所獲，不若更穿西塚，庶幾有得。』羸瘠者謂曰：『勸汝別謀於他所。汝視我形骸如此，舍弟叔齊豈能為人也。』」故人大笑而去。

明馮夢龍編纂《古今譚概》雅浪部第二十六

## 【註釋】

1 蘇轍（一〇三九至一一一二）：字子由，蘇東坡之弟，北宋文學家。嘉祐進士，官尚書右丞、門下侍郎。

2 楊王孫：漢代人。家業千金，厚自奉養。臨死前令兒子將其裸葬，以返本真。兒子果然將其裸葬。

3 漢文帝（前二〇二至前一五七）：即劉恆，漢高祖之子，西元前一八〇至前一五七年在位。

4 伯夷：商末孤竹君長子。孤竹君死後，與其弟叔齊聞周文王善養老而入周。武王不聽他倆的勸諫而伐紂滅商，他倆便隱居首陽山，不食周粟而死。

# 抵別人三覺

有一天，蘇東坡去拜訪呂微仲，不巧呂微仲正在床上休息，很久沒有出來。蘇東坡實在感到難受。過了好一會呂微仲才起來會客，請蘇東坡隨便坐下。

蘇東坡看見客廳裏擺放的一盆菖蒲裏面，餵養了一隻綠毛烏龜，便說道：「這種烏龜容易得到，要想得到六眼龜就難啦！」

呂微仲問道：「六眼龜出在哪裏？」

蘇東坡說：「從前，後唐莊宗同光年間，林邑國曾經進貢六眼龜，當時宮中藝人敬新磨在大殿下面做口號，說道：『不要鬧，不要鬧，聽取這龜兒口號，六隻眼兒，分明睡一覺，抵別人三覺。』」

## 【原文】

一日，東坡謁微仲，微仲方晝寢，久而不出。東坡不能堪。良久，見於便坐。有一菖蒲盆，畜綠毛龜。東坡云：「此龜易得，若六眼龜，則難得。」微仲問：「六眼龜出何處？」東坡曰：「昔唐莊宗同光中，林邑國嘗進六眼龜，時伶人敬新磨在殿下進口號[1]曰：『不要鬧，不要鬧，聽取這龜兒口號，六隻眼兒，分明睡一覺，抵別人三覺。』」

明王世貞編《調謔編》

【註釋】

1 口號：一稱「口占」，指不起草稿，隨口吟誦而成的詩歌。

## 髡閫上困

蘇東坡在湖州為官的時候，曾經與賓客一起遊道場山，把隨從都打發走了才進去。看見有一個和尚靠在門欄上睡著了。

蘇東坡覺得很有趣，便開玩笑似地出了一個上聯，說道：「髡閫上困。」

一個客人立即答道：「何不對『釘頂上釘』？」

宋呂居仁撰《軒渠錄》

【原文】

東坡知湖州，嘗與賓客遊道場山，屏退從者而入。有僧憑門閭熟睡，東坡戲云：「髡[1]閫[2]上困。」有客即答曰：「何不對『釘頂上釘』[3]？」

【註釋】

1 髡（kun坤）：古代一種剃去頭髮的刑罰。此處指光頭和尚。

2 閫（kun）：門欄。

3 釘頂上釘：第一個「釘」為名詞，指釘子；第二個「釘」為動詞，指釘釘子。

## 錯著水、為甚酥

蘇東坡在黃州時，曾經去何秀才那裏聚會，吃到一種油果子非常香酥可口，於是問主人：「這個名叫什麼？」

主人說：「沒有名稱。」

蘇東坡又問：「為甚酥？」

在坐的客人都說：「這個就可以作為它的名字啊！」

潘長官因為蘇東坡不能夠喝酒，每次都用甜酒款待他。

蘇東坡開玩笑說：「這必定錯著水啦。」

過了一些時候，蘇東坡忽然思念那個油果子，便寫了一首小詩去討吃：

野飲花前百事無，腰間唯繫一葫蘆。
已傾潘子錯著水，更覓君家為甚酥。

**【原文】**

東坡在黃州時，嘗赴何秀才會，食油果甚酥，因問主人：「此名為何？」主人對以無名。東坡又問：「為甚酥？」坐客皆曰：「是可以為名矣！」又潘長官以東坡不能飲，每為設醴。坡笑曰：「此必錯著水也。」他日忽思油果，作小詩以求之，云：「野飲花前百事無，腰間唯繫一葫蘆。已傾潘子錯著水，更覓君家為甚酥。」

明馮夢龍編纂《古今譚概》雅浪部第二十六

## 僧歌

有一回，有個和尚在蘇東坡家裏做客的時候，發現他家一個小孩子名叫「僧歌」，便開玩笑說：「明公不重信佛教，為什麼取這樣的名字？」

蘇東坡笑道：「百姓人家的小娃娃，為了容易養育，往往用賤物來取名字，比如羊呀，狗呀，馬呀，牛呀。」

那個和尚聽了，感到十分尷尬。

【原文】

昔一僧在坡公座中，見小兒名僧哥者，戲謂公曰：「公不重佛，安用此名？」公笑曰：「人家小兒，要易長育，往往以賤物為小名，如羊、狗、馬、牛之類是也。」僧大慚。

明浮白齋主人撰《雅謔》

## 夜讀《傳燈錄》

某日，蘇東坡夜宿曹溪，在讀《傳燈錄》時，燈花落到書卷上，燒掉一個「僧」字。他隨即提筆在窗間寫了一首詩：

山堂夜沉寂，燈下讀《傳燈》。
不覺燈花落，茶毗一個僧。

【原文】

東坡夜宿曹溪，讀《傳燈錄》，燈花墮卷上，燒一「僧」字，即以筆記於窗間，曰：「山堂夜沉寂，燈下讀《傳燈》。不覺燈花落，茶毗[1]一個僧。」

明馮夢龍編纂《古今譚概》文戲部第二十七

【註釋】

1 茶毗：佛家謂火葬為茶毗。

## 蘇小妹

蘇東坡有一個小妹，擅長詞賦，十分聰慧而且能言善辯，只是額頭長得有一些寬而突出。蘇東坡曾經開玩笑說她：

「蓮步未離香閣下，梅妝先露畫屏前。」

蘇小妹隨即應聲說道：

「欲扣齒牙無覓處，忽聞毛裏有聲傳。」

因為蘇東坡臉頰上的鬍鬚非常茂密，蘇小妹便這樣戲謔哥哥。那時候她才十歲。

**【原文】**

蘇東坡有小妹，善詞賦，敏慧多辯，其額廣而如凸。東坡嘗戲之曰：「蓮步未離香閣下，梅妝先露畫屏前。」妹即應聲云：「欲扣齒牙無覓處，忽聞毛裏有聲傳。」以坡公多鬚髯，遂亦戲之。時年十歲耳。

明馮夢龍編纂《古今譚概》酬嘲部第二十四

## 慚惶

元豐年間，蘇東坡入御史獄[1]，後來被貶謫到黃州為官。直到元祐初年才起用他，讓他做了登州知州。沒過多久，蘇東坡被召入禮部做員外郎。這天，他在道上碰見他入獄那會兒的一個獄官。此人一見蘇東坡就面露慚愧、惶恐的神色。蘇東坡就跟這個舊獄官開玩笑，講上一個故事：往日有一條毒蛇，因為犯有殺人致死罪，被陰曹地府追捕歸案，依法評判應當處死。蛇申訴說：「我誠然有罪，但是也有功勞，可以將功贖罪呀。」冥官問牠：「你有什麼功勞？」蛇回答：「我有黃（蛇黃）可以拿去治病。已經救過幾個人啦。」於是牠便得到了赦免。

又有一頭牛因為撞死了人，也判處了死刑。牛申訴說：「我也有黃（牛黃）可以治病，也救活幾個人啊。」於是也得到了赦免。

這時，獄吏又牽進一個人來，說道：「你生前經常殺人，僥倖免死了，如今應當抵命。」此人也胡說自己有黃。冥官聞言大怒道：「蛇黃、牛黃都可以入藥，你這個人黃，有什麼說法呀？」那人十分窘迫，就吞吞吐吐地回答道：「在下沒有別的什麼黃，就有些慚惶。」

## 【原文】

東坡內召禮郎，途遇舊獄官，甚有慚惶之色。坡戲曰：「昔有毒蛇殺人，為冥府所追，議法當死，蛇訴曰：『某有黃可治病，已活數人矣。』遂得免。又一牛觸殺人，法亦當死，牛訴曰：『某亦有黃可治病，已活數人矣。』亦得免。獄吏又牽一人至，曰『爾常殺人，今當填命。』其人亦言有黃。冥官大怒曰：『蛇黃、牛黃皆入藥，汝謂人黃，有何說？』其人窘甚，乃曰：『某別無黃，查有些慚惶。』」

東坡元豐間繫御史獄，謫黃州。元祐初，起知登州。未幾，以禮部員外郎召。道中，遇當獄官，甚有愧色。東坡戲之曰：『有蛇螫殺人，為冥官所追，議法當死。』蛇前訴曰：『誠有罪。然亦有功，可以自贖。』冥官曰：『何功也？』蛇曰：『某有黃，可治病，所活已數人矣。』吏收驗固不誣，遂免。良久，索一牛至。獄吏曰：『此牛觸殺人，亦當死。』牛曰：『我亦有黃，可治病，亦活已數人矣。』亦得免。久之，獄吏引一人至，曰：『此人生常殺人，幸免死，今當還命。』其人倉皇妄言亦有黃。冥官大怒，詰之曰：『蛇黃、牛黃皆入藥，天下所共知。汝為人，何黃之有？』左右交訊。其人窘甚，曰：『某別無黃，但有些慚惶。』」

明浮白齋主人撰《雅謔》

【註釋】

1 御史獄：元豐二年（一〇七九），御史中丞李定等彈劾蘇東坡攻擊朝政，作詩譏諷宋神宗所行的新法。於是，朝廷派遣官員至湖州，將湖州知州蘇東坡押赴京師，下了御史臺（別稱烏臺）獄，拘留四個多月。其時，受到牽連者達到二十二人之多。這就是宋代有名的文字獄「烏臺詩案」。

## 避孔子塔

劉貢父滑稽而能言善辯，可謂舉世無雙。他晚年雖說得了四肢的疾病，仍然忍不住要跟人開玩笑。一日，他抱著手爐在惠林寺的僧房內，給蘇東坡講了一個故事：

「我的鄰居有一個兒子，稍稍長大以後，便讓他代為掌管小解，沒到一年光景，由於不小心典當了強盜的東西，把資本幾乎損失光了。這個兒子向父親請罪，說道：『我實在不會理財，以致敗了好好的家業。現在請讓我去跟老師念書，努力去考科舉。』他父親聽了非常高興，挑選了一個好日子，備辦酒肴給他送行。臨別之時叮囑道：『我老啦，就只有依靠兒子來給我養老。如今我兒要離開我出外求學，倘若運氣好，能夠改換門庭，固然是我的大幸。然而，有一件事你不可不記住，遇到交朋友，同你唱和，你必須仔仔細細看清楚，切莫和了賊詩，狼狽而歸。』」

這個故事嘲諷的是蘇東坡在元豐二年時，因作詩諷刺新法而入獄史獄的事件。王晉卿、周開祖等都因為和詩受到連累。

劉貢父的故事剛講完，蘇東坡便也講了一個故事：

「我聽說當年孔夫子從衛國返回魯國後，遇上有人請孔夫子吃飯。孔夫子眾弟子非常高興，悄悄說道：『魯國乃是我們的父母之邦，我輩長久以來一直跟隨先生四方奔波，如今幸而一道都回到了家鄉，等到先生出門後，我們就一起去尋訪親朋舊友，乘機觀看市內的店鋪。』大夥欣然同意。他們剛剛來到市區，還沒有來得及四處參觀，便在人群中望見孔夫子巍然而來。他們驚慌相告，仲由、子夏等人爭相奔跑遠逃，無一人留下來，唯獨顏回拘謹，不能驟然邁開大步，看到市內的石塔似乎可以躲避，立即隱藏在石塔旁邊，以等待先生走過去。眾弟子因而稱這座石塔為『避孔子塔』。」

「避孔子塔」諧音「鼻孔子塌」，乃是諷刺劉貢父患風濕病，鼻子塌了，以此來回敬劉貢父。

## 【原文】

劉貢父滑稽辨捷，世推無對。晚年雖得末疾[1]，乘機決發，亦不能忍。一日擁爐於惠林僧寮，語東坡曰：「吾之鄰人，有一子稍長，使之代掌小解[2]，不逾歲，誤質盜物，資本耗折殆盡。其子引罪請曰：『某拙於運財，以敗成業，今請從師讀書，勉赴科舉。』其父大喜，擇日具酒肴遣之。既別，且囑之曰：『吾老矣，恃子以為窮年之養。今子去我而遊學[3]，儻或僥倖，改門換戶，固吾之大幸，然切有一事不可不記，或有交友與汝唱和，須子細看，莫更和卻賊詩，狼狽而歸。』」蓋譏東坡前逮詔獄[4]，王晉卿[5]、周開祖[6]之徒，皆以和詩為累。貢父語始絕口，東坡即曰：「某聞昔夫子自衛反魯，會有召夫子食者，群弟子相與語曰：『魯吾父母之邦，我曹久從夫子，轍環四方，今幸俱還鄉里，伺夫子之出，當共尋訪舊親，因閱市肆。』眾欣然許之。始過闤闠[7]，未及縱觀，而稠人中望見夫子巍然而來。惶懼相告，由、夏[8]之徒，奔踔越逸，無一留者。獨顏子拘謹，不能遽為闊步，顧市中石塔似可隱蔽，即屏伏其旁，以俟夫子之過。群弟子因目之為避孔子塔。」蓋譏貢父風疾之劇以報之也。

明何良俊撰《何氏語林》卷二十七

【註釋】

1 末疾：四肢的疾病。

2 小解：小的押店、當鋪。

3 遊學：外出求學。

4 逮詔獄：指元豐二年，蘇東坡因作詩諷刺新法而下御史獄。

5 王晉卿：北宋大臣。

6 周邠：字開祖，錢塘人，北宋大臣，官至朝請大夫輕車都尉。

7 闤闠（音同環會）：市區牆與門。這裏泛指市區。

8 由、夏：仲由、子夏。

## 戲聯

蘇東坡被貶謫到惠州以後，跟一村校書做了鄰居。那人已經七十歲，他的小妾生孩子時，特地邀請蘇東坡去喝酒。蘇東坡欣然前往。

他們喝酒喝到高興時，那人便向蘇東坡求詩。

蘇東坡問他的小妾：「多大年紀了？」

那位小妾回答說：「三十歲。」

於是，蘇東坡開玩笑似地寫了一副對聯：

聖善方當而立歲，

頑尊已及古稀年。

這副對聯很快不脛而走，一時間傳為笑談。

【原文】

東坡謫惠州日，與一村校書[1]為鄰。年已七十，其妾生子，為具邀公。公欣然往，酒酣乞詩。公問妾：「年幾何？」曰：「三十。」乃戲贈一聯云：「聖善[2]方當而立歲，頑尊[3]已及古稀年。」一時大噱。

明馮夢龍編纂《古今譚概》文戲部第二十七

【註釋】

1 校書：即校書郎，係負責編輯校定經籍圖書的小官吏，從八品。

2 聖善：母親的代稱。

3 頑尊：這裏指父親。

## 三果一藥

有一天，劉貢父宴請賓客時，蘇東坡有事準備先離席。

劉貢父用三種果名、一種藥名來和他開玩笑，說道：「幸（諧音『杏』）、早（諧音『棗』）、裏（諧音『李』），且從容。」

蘇東坡答道：「奈、這（諧音『蔗』）、事（諧音『柿』），須當歸。」

【原文】

劉貢父觴客，蘇子瞻有事欲先起。劉以三果一藥調之曰：「幸早裏，且從容[1]。」蘇答曰：「奈[2]這事，須當歸[3]。」

明馮夢龍編纂《古今譚概》文戲部第二十七

【註釋】

1 從容：諧音「肉蓯蓉」，一種中草藥。

2 柰（音同奈）：柰子，蘋果的一種。

3 當歸：一種中草藥。

# 解縉的故事

解縉係中國古代民間故事中的一位官宦型兼文人型機智人物。其原型解縉（一三六九至一四一五），字大紳，號春雨，吉水（今屬江西省）人。洪武進士。永樂初，官至翰林學士兼右春坊大學士，直文淵閣，預機務，總裁《太祖實錄》、《永樂大典》，甚為成祖所重。其人才高智廣，勇於任事，表裏洞達，議論無顧忌。因議立太子事為漢王高煦所恨，被誣陷，遭到謫貶。後復遭讒害，以「無人臣禮」罪下獄死。成化元年始得平反。他的趣聞逸事，見於明樂天大笑生纂集《解慍編》、明馮夢龍輯《廣笑府》、明馮夢龍編纂《古今譚概》、明馮夢龍編纂《智囊補》、明浮白齋主人撰《雅謔》、明曹臣輯《舌華錄》、明焦竑撰《玉堂叢話》、明起北赤心子輯《新話摭粹》、清褚人穫輯《堅瓠集》、清獨逸窩退士輯《笑笑錄》等。

## 四歲吟詩

一天，四歲的解縉一人走到了街市，不小心跌倒在地，周圍的人見了忍不住笑出聲來。小小的解縉一肚子的不快，立即做了一首詩，吟道：

細雨落綢繆，街坊滑似油。
鳳凰跌在地，笑殺一群牛。

【原文】

解大紳四歲，出遊市中，失足偶跌，眾笑之。解吟曰：「細雨落綢繆，街坊滑似油。鳳凰跌在地，笑殺一群牛。」

清褚人穫輯《堅瓠十集》卷一

## 訴縣宰

解縉七歲時，他的母親守寡獨居，對於徭役負擔感到非常痛苦。因此，解縉便到縣令那裏去訴苦，並且做了一首詩：

母在家中守父憂，卻教兒子訴原由。
他年諒有相逢日，好把春風判筆頭。

縣令懷疑這一首詩是別人替解縉做的，便讓他以公堂下面的一棵小松為題，再做一首詩。話音剛落，解縉立刻吟道：

小小青松未出欄，枝枝葉葉耐霜寒。
如今正好低頭看，他日參天仰面難。

對於解縉的才華，縣令感到十分驚奇，於是便免除了他家的賦稅。

## 【原文】

解大紳七歲時，母孀居，苦於徭役。解具訴於縣宰，並繫以詩曰：「母在家中守父憂，卻教兒子訴原由。他年諒有相逢日，好把春風判筆頭。」宰疑假手於人，復令賦堂下小松，縉應聲曰：「小小青松未出欄，枝枝葉葉耐霜寒。如今正好低頭看，他日參天仰面難。」宰大奇之，遂蠲其稅。

清褚人穫輯《堅瓠六集》卷一

## 宮中作賀喜詩

有一日，皇上對解縉說：「愛卿知道宮中夜來有喜事嗎？可以做一首詩。」

解縉剛一吟出：「君王昨夜降金龍。」

皇上驟然說：「是個女兒。」

解縉立即應道：「化作嫦娥下九重。」

皇上歎息道：「已經死啦！」

解縉又應道：「料是人間留不住。」

皇上說：「已經將她投入水裏去了。」

解縉又應道：「翻身跳入水晶宮。」

皇上本來是想用變化莫測的話語來難為解縉，卻得到了這樣巧妙有趣的一首詩，深深感歎他竟然如此機敏。

## 【原文】

一日，上謂縉曰：「卿知宮中夜來有喜乎？可作一詩。」縉方吟曰：「君王昨夜降金龍。」上遽曰：「是女兒。」即應曰：「化作嫦娥下九重。」上曰：「已死矣！」又應曰：「料是人間留不住。」上說：「已投之水矣。」又應曰：「翻身跳入水晶宮。」上本欲詭言以困之，既得詩，深歎其敏。

明馮夢龍編纂《古今譚概》機警部第二十三

# 色難容易

有一次，文皇明惠帝對解學士說：「有一書句，很難對上，曰：『色難。』」

解縉應聲說道：「容易。」

文皇沒有醒悟，回望解縉說：「既然講容易了，為啥許久不對出來呢？」

解縉說：「剛才已經對上了呀！」

文皇這才明白，「色」對「容」，「難」對「易」，因而大笑。

## 【原文】

文皇嘗謂解學士曰：「有一書句甚難其對，曰：『色難。』」解應聲曰：「容易。」文皇不悟，顧謂解曰：「既云易矣，何久不對？」解曰：「適已對矣。」文皇始悟，「色」對「容」，「難」對「易」，為之大笑。

清褚人穫輯《堅瓠七集》卷二

## 一步高一步

某日，解縉陪同文皇出遊。當文皇登上一座橋的時候，問解縉應當怎樣講，解縉說：「這叫做『一步高一步』。」

然後走下橋去，文皇又問應當怎樣講，解縉說：「這叫『後面更高似前面』。」

**【原文】**

文皇與解縉同遊。文皇登橋，問縉當作何語，縉曰：「此謂『一步高一步』。」乃下橋，又問之，縉曰：「此謂『後面更高似前面』。」

明馮夢龍編纂《智囊補》語智部善言卷二十

## 賊道

一天，壽春有個道士拿著自己的畫像來請求解學士給他題詩。解學士提筆書寫道：

賊、賊、賊。

這個道士一看，感到很驚愕。解學士接著寫道：

有影無形拿不得；只因偷卻呂仙丹，而今反作蓬萊客。

這個道士轉驚為喜，於是拿起解縉的題詩滿意而歸。

【原文】

壽春道士以小像乞解學士題詠。解作大書：「賊、賊、賊。」道士愕然。續云：「有影無形拿不得；只因偷卻呂仙丹，而今反作蓬萊客。」

明馮夢龍編纂《古今譚概》戲文部第二十七

## 雪和尚

永樂年間，京師下了一場大雪。軍士們在午門外把積雪團在一塊，堆了一個雪和尚。解縉見了覺得十分有趣，於是題詩道：

此僧從未入娘胎，昨日天宮降下來。
暫借午門投一宿，明朝日出往天臺。

【原文】

永樂中，京師大雪。軍士於午門外，將雪團一和尚。解縉見之，題詩曰：「此僧從未入娘胎，昨日天宮降下來。暫借午門投一宿，明朝日出往天臺。」

清褚人穫輯《堅瓠四集》卷四

## 金水河與玉闌干

當年南京有金水河、玉闌幹等各種名勝古蹟。解縉八歲的時候，對觀光遊覽產生了興趣，於是，鬍子祺就出了對聯讓他來對：

金水河邊金線柳，金線柳穿金魚口。

解縉立即應對道：

玉闌干外玉簪花，玉簪花插玉人頭。

眾人聽了，沒有人不稱讚他是奇才的。

【原文】

南京金水河、玉闌干諸勝概處。解大紳八歲時，慨然有觀光之意。胡子祺[1]乃命對曰：「金水河邊金線柳，金線柳穿金魚口。」大紳應云：「玉闌干外玉簪花，玉簪花插玉人頭。」眾大奇之。

清褚人穫輯《堅瓠七集》卷二

【註釋】

1 胡子祺：名壽昌，吉水人，明代大臣。洪武中以文學選為御史，後遷延平知府。

## 風流學士

有一次，解縉前去拜訪某駙馬，碰巧駙馬不在家中。公主久聞解縉大名，很想看看他的模樣，於是，隔著簾子命下人留客人飲茶。

這時，解縉向下人要了一支筆來題詩道：

錦衣公子未還家，紅粉佳人叫賜茶。
內院深沉人不見，隔簾閒卻一團花。

公主對解縉調侃自己感到憤怒，便向文皇奏了一本。

文皇說道：「這個風流學士，管他做啥。」

【原文】

解學士訪某駙馬不值。公主聞其名，欲觀之，隔簾使人留茶。解索筆題曰：「錦衣公子未還家，紅粉佳人叫賜茶。內院深沉人不見，隔簾閒卻一團花。」公主怒其謔己，遂奏聞。文皇曰：「此風流學士，見他做甚？」

清褚人穫輯《堅瓠七集》卷二

## 駝峰

有一日，尚書呂震與解學士在一起談論飲食中的美味。

呂尚書講道：「據說，駝峰的味道非常好，可惜我還沒有嘗過。」

解學士騙他說：「在下曾經吃過，的確味美得很。」

呂尚書知道他在說謊。

過了些日子，呂尚書得到些死象的蹄筋，就對解縉說：「昨天有人給我送來駝峰，咱們應當一塊兒享用。」席間，當解縉大嚼特嚼象蹄筋的時候，呂尚書吟詩調侃道：

翰林有個解癡哥，光祿何曾宰駱駝。
不是呂生來說謊，如何嚼得這般多？

解縉聽了，便大笑起來。

【原文】

尚書呂震[1]與學士解縉，一日談及食中美味。呂曰：「駝峰甚美，未之嚐也。」解紿曰：「僕嘗食之，誠美矣。」呂知其紿也，他日得死象蹄脛，語解曰：「昨有駝峰之賜，宜共饗之。」解大嚼去，呂譴以詩曰：「翰林有個解癡哥，光祿何曾宰駱駝。不是呂生來說謊，如何嚼得這般多？」解大笑。

明馮夢龍編纂《古今譚概》儇弄部第

【註釋】

1 呂震：字克聲，臨潼（屬陝西）人，明代大臣。永樂間累官至禮部尚書，洪熙間進太子太保。

# 阿醜的故事

阿醜係中國古代民間故事中的一位俳優型機智人物。其原型阿醜是明憲宗（朱見深）時的一個小中官（宦官），工諧戲表演。其人有正義感，嫉惡如仇，敢於在皇上面前彈劾奸佞、權貴，揭露官場上腐敗現象。他的趣聞逸事大都見於清張廷玉等撰《明史》，又見於明文林撰《琅琊漫抄》、明馮夢龍編纂《古今譚概》、清褚人穫輯《堅瓠集》、清獨逸窩退士輯《笑笑錄》等。

## 汪太監失寵

太監阿醜詼諧風趣，善於搞笑逗樂。他每次給皇上演戲的時候，都頗有東方朔以隱約其詞的方式規勸皇上的風範。

阿醜對明代大宦官、特務機構西廠的頭目汪直的所作所為非常不滿。汪直被放逐，阿醜出力甚多。

有一天，阿醜在皇上面前演戲，扮成酗酒的醉漢出場。

有人忽然嚷嚷道：「都察院的巡城御史來啦！」醉漢繼續酗酒，毫不理睬。

隨後那人又嚷嚷自侍郎至尚書、內閣大學士等各種官員來了，醉漢非但不理不睬，而且酗酒更加厲害。

那人又嚷嚷道：「皇上駕到！」醉漢酗酒越發放肆。

最後，那人嚷嚷道：「汪太監來啦！」醉漢便立刻驚醒了。

這時，那個人問道：「聖駕來了他也毫不畏懼，卻懼怕汪太監，這是何道理？」

有人回答道：「普天下的人只知道汪太監，哪裏敢不畏懼？」

皇上見了這一段表演，連連點頭。

接下來，阿醜又扮做汪太監手持雙鉞登場，急匆匆地踉蹌而行。

有人問他：「為什麼這樣手持雙鉞？」

汪太監回答說：「我平日就只是依仗這兩把斧鉞。」

有人問：「這兩把雙鉞叫什麼名字？」

汪太監回答說：「陳鉞、王越是也。」

後來，皇上下決心除掉這一幫人，就把汪直等人幾乎放逐乾淨。

## 【原文】

中官阿醜善詼諧，每於上作院本，頗有東方朔譎諫之風。汪直之逐與有力焉。一日於上前作醉人酗酒。一人曰：「巡城御史至！」酗罵如故。自侍郎至尚書、內閣，酗如故。又曰：「駕至。」其酗尤甚。最後曰：「汪太監來矣！」醉者驚起。其人曰：「駕至不懼，而懼汪太監，何也？」曰：「天下之人，但知有汪太監，安敢不懼？」上頷之。醜復作直持雙鉞，趨蹌而行。或問故，答曰：「吾平日惟仗此兩鉞耳。」問鉞何名？曰：「陳鉞、王越也。」

清褚人穫輯《堅瓠二集》卷四

……由是直等竄斥殆盡。

【註釋】

1 陳鉞、王越：即明憲宗時期的兵部尚書陳鉞、都尉使王越。

## 六部差遣官挑人

有一次阿醜給皇上表演，扮成六部的差遣官出場。

這個差遣官在挑選官員的時候，問第一個候選人的姓名，一聽說對方叫「公論」，當即說道：「如今公論已經無用了，此人不能派遣。」

當這個差遣官聽第二個候選人叫「公道」，忙說：「如今公道已經吃不開了，此人也不能派遣。」最後一個候選人叫「糊塗」，差遣官一見他就喜出望外，連連點頭說：「此人去得，此人去得！」

皇上看了勉強笑了一笑，略略流露出不高興的神色。

【原文】

有次阿醜為皇帝表演，扮作六部的差遣官。他挑選官員時，問第一位候選者的姓名，一聽說對方叫「公論」，當即說：「如今公論已無用，此人不能派遣。」他聽說第二位候選者叫「公道」，忙說：「如今公道已吃不開，此人也不能派遣。」最後一位候選者叫「糊塗」，差遣官卻說此人去得。皇帝看了微微一笑，略露不悅之色。

明文林撰《琅琊漫抄》

## 誦詩妙用

有一回，阿醜在皇上面前演戲，扮成一位儒生，高聲誦詩道：「六千兵散楚歌聲。」

有人忙說：「不是六千，而是八千。」

大家再三發話糾正，這位儒生才慢吞吞地說道：「各位有所不知，那兩千兵丁在保國公家裏面蓋房子。」

皇上聽了，當即祕密派太監前往保國公家調查。保國公見勢不妙，立刻下命令停工，並且送重金賄賂前來調查的太監，這件事情才得到平息。

【原文】

有回阿醜在皇帝面前演戲，扮作儒生高聲誦詩，曰：「六千兵散楚歌聲。」有人道：「不是六千，是八千。」爭之再三，儒生才慢慢說：「你有所不知，那二千在保國公家中蓋房。」皇帝聽了當即密派太監前往調查。保國公一見不妙，立刻停工，並且賄賂前來之太監，事情才得以平息。

明文林撰《琅琊漫抄》

# 唐伯虎的故事

唐伯虎係中國古代民間故事中的一位文人型機智人物。其原型唐寅（一四〇七至一五二四），字伯虎，一字子畏，自號六一居士等，吳縣（今江蘇蘇州）人，明代畫家、文學家。他的趣聞逸事大都見於明馮夢龍編纂《古今譚概》，又見於明浮白齋主人撰《雅謔》、明曹臣輯《舌華錄》、明馮夢龍編纂《智囊補》、明馮夢龍輯《廣笑府》、明鍾惺輯《諧叢》、清趙吉士輯《寄園寄所寄》、清褚人穫輯《堅瓠集》、清獨逸窩退士輯《笑笑錄》等。

## 傭書

有一年，唐伯虎前往茅山進香的時候，途徑無錫。晚上，他把船停泊在河下面，就上岸去閒遊。他看見有一乘轎子從東邊來，後面跟了許許多多的女僕，其中有一個丫鬟長得格外標致。唐伯虎緊跟著這乘轎子走，看到她們進了華學士的宅第。於是，唐伯虎在無錫停留下來，去請求華府，在那裏當了一個傭書，改名為華安。

唐伯虎在華府表現得相當能幹，頗受主人喜歡。不久，主人就要替他挑選妻室，因而得到了他心儀的婢女——桂華。不過數日以後，唐伯虎便與桂華一起雙雙逃離了華府。

過了很長一段時間，華學士偶然到了蘇州閶門，看見書店裏面有一個人在翻書，那人非常像華安。他私下裏向人打聽，都說那人是唐伯虎唐解元。

第二天，華學士拿著名帖去拜訪唐伯虎。華學士審視了很久，確認他就是曾經在華府做傭書的華安。等到飲茶的時候，他露出了枝指，華學士越發確信他就是華安。可是華學士始終不好意思開口講這件事。

隨後，唐伯虎設便宴款待華學士。舉杯對飲時，華學士實在忍不住了，便簡單地講述了華安到他家裏的前後經過，想藉以挑起對方的話題。但是，唐伯虎沒有說什麼，僅僅一再點頭稱是。

華學士說：「華安的模樣跟先生十分相像，不知道是何緣故？」

唐伯虎仍然點頭稱是。華學士心裏非常不安，打算起身告辭。

唐伯虎說：「慢慢喝吧，不要著急。等一會我還有事向您請教呢。」

又飲了一陣酒以後，唐伯虎命人掌燈將華學士領到後堂，讓婢女們護著新娘子出來拜客。

華學士一看，異常驚愕。

唐伯虎忙說：「您不要吃驚。」

等新娘子拜過華學士後，唐伯虎隨即牽著新娘子靠近華學士，說道：「明公先前說在下長得像華安，不知您覺得桂華也像這個新娘子嗎？」

這時，華學士與唐伯虎相互看了看，彼此心領神會，大笑過後，就道別了。

## 【原文】

唐子畏往茅山[1]進香，道出無錫。晚泊河下，登岸閒步，見肩輿東來，女從如雲，中有丫鬟尤豔。唐跡之，知是華學士宅。因逗留請為傭書[2]，改名華安。復寵任，謀為擇婦；因得此婢，名桂花。居數日，為巫臣之逃。華遍索之不得。久之，華偶至閶門，見書肆中一人，持文繙閱，極類安，私詢之，人云：「此唐解元[3]也。」明日，修刺往謁，審視無異。及茶至，而枝指[4]露，益信。然終難啟齒。唐命酒對酌，華不能忍，稍述華安始末以挑之。唐但唯唯。華又云：「貌正肖公，不知何故？」唐又唯唯。酒復數行，唐導入後堂，呼諸婢擁新娘出拜，華愕然。唐因攜女近華曰：「公向言某似華安，不識桂花亦似此女否？」乃相與大笑而別。

明馮夢龍編纂《古今譚概》佻達部第十一

【註釋】

1 茅山：山名，在江蘇省西南部。
2 傭書：受雇替人抄書；亦指受雇替人抄書者。
3 解元：科舉錄取舉人名目。明代稱鄉試第一名為解元。
4 枝指：長了六個指頭的手或者腳。據說唐伯虎有一隻手長了六個指頭。

## 唐解元詩

某天，吳縣縣令命衙役到虎丘去採茶。衙役多次請求，沒有用，不得不前往。廟裏的和尚不能讓衙役白採，衙役回到縣令那裏告了一狀。縣令讓衙役打了那和尚三十大板，還把他枷了起來。

那個和尚向唐伯虎求助，唐伯虎沒有理睬他。一日，唐伯虎偶然經過枷和尚的地方，頓生調侃之意，立即在枷上題詩道：

官差皂隸去收茶，只要紋銀不肯賒。
縣裏捉來三十板，方盤托出大西瓜。

吳縣縣令見到這首詩，向人打聽知道是唐解元的手筆，感到很開心，就把那個和尚給釋放了。

【原文】

吳令命役於虎丘去採茶。役多求不遂。譖僧，令笞僧三十，復枷之。僧求援於唐伯虎，伯虎不應。一日偶過枷所，戲題枷上曰：「官差皂隸去收茶，只要紋銀不肯賒。縣裏捉來三十板，方盤托出大西瓜。」令見而詢之，知為唐解元筆，笑而釋之。

清褚人穫輯《堅瓠二集》卷一

## 壽誕題詩

這一年，唐伯虎對門一家富翁的老母七十壽誕，便向唐伯虎求詩。唐伯虎提筆書寫：

對門老婦不是人。

富翁見了吃驚不小。唐伯虎接著又寫道：

好是南山觀世音。

富翁這時稍感放心。第三句寫的是：

兩個兒子都是賊。

富翁見了不覺大驚失色。唐伯虎接下來寫出第四句：

偷得蟠桃獻母親。

富翁鬱鬱不樂，也只好把這首詩拿走了

【原文】

唐伯虎對門一富翁之母七十壽誕，求詩伯虎。伯虎援筆書曰：「對門老婦不是人。」富翁見書而驚。又書曰：「好是南山觀世音。」意稍釋。第三句曰：「兩個兒子都是賊。」見之又不覺失色。續更書曰：「偷得蟠桃獻母親。」富翁怏怏，持之而去。

清褚人穫輯《堅瓠十集》卷四

## 仙福

某日，有一個講陰陽災異的方士來找唐伯虎，竭力吹噓他修煉到了非常精妙的地步。
唐伯虎說道：「你既然有如此精妙的方術，為何不惠及自己，而要賞賜給鄙人呢？」
那個方士說：「只恨我的福淺呀。我見多識廣，接觸過的人不計其數，具備仙風道骨的只有您一個人。」
唐伯虎笑道：「但願我有仙福。我有空房在城北，十分僻靜。您可以到那裏去修煉，煉成之後我們對半分吧。」
那個方士並沒有領悟到唐伯虎的意思。一天他登門拜訪唐伯虎，拿出一把扇子來求詩。
唐伯虎大筆一揮，這樣寫道：

破布衫中破布裙，逢人便說會煉銀。
如何不自燒些用，擔水河頭賣與人。

## 【原文】

有術士干[1]唐六如，極言修煉之妙。唐云：「如此妙術，何不自為，乃貺[2]及鄙人？」術士云：「恨吾福淺，吾閱人多矣，仙風道骨，無如君者。」唐笑曰：「吾但出仙福。有空房在城北，甚僻靜，君為修煉，煉成兩剖。」術士猶未語。日造門，出一扇求詩。唐大書云：「破布衫中破布裙，逢人便說會煉銀。如何不自燒些用，擔水河頭賣與人。」

明馮夢龍編纂《古今譚概》塞語部第二十五

## 【註釋】

1 干：求取。

2 貺（音同況）：賜與。

# 祝枝山的故事

祝枝山係中國古代民間故事中的一位文人型機智人物。其原型祝允明（一四〇六至一五二六），字希哲，號枝山等，長洲（今江蘇蘇州）人，明代書法家、文學家。他的趣聞逸事大都以諷刺、戲弄權貴富豪，調侃友人，奚落僧尼、妓女等為內容，見於明馮夢龍編纂《古今譚概》、明浮白齋主人撰《雅謔》、清褚人穫輯《堅瓠集》、清獨逸窩退士輯《笑笑錄》等。

## 募緣

有一回，唐伯虎與祝枝山浪遊到了揚州，身上帶的盤纏都花光了。

他們開玩笑說：「此地的鹽使司官員們的稅務收入非常豐饒，我們何不設法擺脫困境？」

於是，他們便裝扮成玄妙觀的道士，衣冠楚楚，來到鹽使司官署化緣。

鹽使司御史見了他們很生氣，當場把他們訓斥一通。

唐、祝二公對他說道：「貧道並不是那種討飯請求施捨的人。我們交往的統統是天下賢明豪爽的長者，比如蘇州府的唐伯虎、祝枝山、文衡山一類有身份的人，都與我們成為朋友。明公如若不嫌棄，請人讓我們來展示展示薄技。我們一切均聽從明公的安排。」

御史這才息怒，隨即指著一塊牛眠石，讓他們以此為題，賦詩一首。唐伯虎在先，祝枝山隨後，寫成一首律詩：

嵯峨怪石倚雲間，（唐）拋擲於今定幾年。（祝）
苔蘚作毛因雨長，（唐）藤蘿穿鼻任風牽。（祝）
從來不食溪邊草，（唐）自古難耕隴上田。（祝）
怪殺牧童鞭不起，（唐）笛聲斜倚夕陽煙。（祝）

御史見到這一首律詩，笑道：「這詩確實寫得不錯。不知道二位想做什麼？」唐、祝二公便說道：「明公輕財好施，天下人無不有所耳聞。如今姑蘇城的玄妙觀已經嚴重坍塌，倘若您能夠捐資修葺，將名垂青史，萬古流芳。」

御史聽了無比喜悅，立即書寫文書給長洲、吳縣兩縣，集資五百兩作為修葺玄妙觀的費用。唐、祝二公便乘船離去，把集資文書送到長洲、吳縣兩縣，又遞上名帖去拜訪了兩縣的縣令，冒充道士如數收取銀子。他們於是招來歌妓和一起遊玩的夥伴，暢飲多日，把這一筆錢花光。

過了一些日子，那位鹽使司御史到了姑蘇城，去玄妙觀瞻仰禮拜，看到玄妙觀依然坍塌，便責怪住持。住持感到茫然，無言以對。他隨後又把縣令叫來責問。

縣令說：「前些日子，唐解元、祝京兆二公從揚州來到敝縣，竭力稱讚明公您捐資修葺的勝舉，銀子已經如數給他們啦。」

鹽使司御史聽了十分後悔，心知上了唐伯虎、祝枝山的當，然而出於對人才的愛惜，便不予追究了。

## 【原文】

唐子畏、祝希哲浪遊維揚，極聲妓之樂，資用途乏絕。兩公戲謂鹽使[1]者課稅甚饒，乃偽作玄妙觀[2]募緣道士，詣臺造請。鹽使者大怒叱之。兩公對曰：「明公將以貧道為遊食與？貧道所與交，皆天下賢豪長者。即如吳唐伯虎、祝枝山、文衡山[3]輩，咸折節為友。明公不棄，請奏薄技。惟公所命。」御史霽威，隨命賦牛眠石詩。兩公立刻就一律云：「嵯峨怪石倚雲間，（唐）拋擲於今定幾年。（祝）苔蘚作毛因雨長，（唐）藤蘿穿鼻任風牽。（祝）從來不食溪邊草，（唐）自古難耕隴上田。（祝）怪殺牧童鞭不起，（唐）笛聲斜倚夕陽煙。（祝）」御史得詩笑曰：「詩則佳矣，意欲何為？」兩公曰：「明公輕財好施，天下莫不聞。今蘇州市玄妙觀圮甚，明公倘能夠捐俸葺之，名且不朽。」御史即檄長、吳二邑，資金五百，為葺玄觀費。兩公得檄遂歸。投檄二邑，更修刺往謁二尹，詐為道士關說，得金。二尹如其數付之。乃悉召諸妓女及所與遊者，暢飲月餘，而金悉盡。異日鹽使者蒞吳，肅儀謁觀，見廟貌傾圮如故。責住持，住持茫然無對。召長、吳二令責之。令答曰：「奉明公檄，適唐解元伯虎、祝京兆希哲，云自維揚來，竭道明公為此勝舉。職即與金如數久矣。」鹽使者悵然，心知兩公，惜其才名，不問也。

清褚人穫輯《堅瓠三集》卷三

## 【註釋】

1 鹽使司：「都轉運鹽使司」的簡稱，為明、清兩代掌管食鹽產銷的機構。

2 玄妙觀：蘇州的著名道觀。
3 文徵明：明代書畫家、文學家，號衡山居士。

## 祝沈對

有一天，祝枝山與沈石田外出，看見一個尼姑正在田間收稻子，自己挑著擔子走了過來。祝枝山便吟道：「師姑田裏挑禾上（諧音『和尚』）。」沈石田立即回應道：「美女堂前抱繡裁（諧音『秀才』）。」

### 【原文】

祝枝山同沈石田[1]出行，見尼姑收稻自挑。祝云：「師姑田裏挑禾上（諧音『和尚』）。」沈云：「美女堂前抱繡裁（諧音『秀才』）。」

清褚人穫輯《堅瓠四集》卷四

### 【註釋】

1 沈周（一四二七至一五〇九）：字啟南，號石田，長洲（今江蘇吳縣）人，明代畫家。

## 門神贊

有一天，祝枝山去拜訪某巡按。喝完茶，祝枝山便施禮告退。巡按將他送到門口。祝枝山看見門神畫得非常精妙，極為稱讚。巡按趕忙請祝枝山給留下一贊。祝枝山立即吟道：

手持板斧面朝天，隨你新鮮只一年。

巡按說道：「請先生把它續完吧。」

祝枝山繼續吟道：

厲鬼邪魔俱斂跡，豈容小丑倚門邊。

祝枝山與巡按相互看了看，大笑起來，隨後便道別了。

### 【原文】

祝枝山一日謁某巡按[1]。茶罷，敘禮而退。巡按送至門。祝見門神甚工，極口稱賞。巡按曰：「請留一贊[2]。」祝云：「手持板斧面朝天，隨你新鮮只一年。」巡按曰：「某請續之。」「厲鬼邪魔俱斂跡，豈容小丑倚門邊。」

相與大笑而別。

清褚人穫輯《堅瓠十集》卷一

【註釋】

1 巡按：「巡按御史」的簡稱，官名，以「代天子巡狩」之名義，在各地考察民情，監督吏治，地方官員不敢與抗。

2 贊：一種文體，以讚美為主要內容。

# 鄭堂的故事

鄭堂係中國古代民間故事中的一位文人型機智人物。其原型鄭堂，一作鄭唐，字汝昂，號雪樵山人，是明代正德年間福州的一個文人，生平事蹟不詳。他的趣聞逸事，見於明闕莊撰《駒陰冗記》、清褚人穫輯《堅瓠集》、清朱克敬撰《雨窗消意錄》等。

## 精老烏龜

福建福州儒生鄭堂，有一次給一位老者的畫像題字，寫道：

精神炯炯，
老貌堂堂，
烏巾白髮，
龜鶴呈祥。

幾年以後，有人對這位老者說，把這四句話的第一個字連起來讀，就是「精老烏龜」。老者聽了很氣憤，立刻把這幅畫像撕掉了。

【原文】

三山[1]儒生鄭唐，有次給一個老者的畫像題字：「精神炯炯，老貌堂堂，烏巾白髮，龜鶴呈祥。」幾年後，有人對老者說，此四語橫讀則為「精老烏龜」。老者氣極，當即將畫撕掉。

明 閑莊 撰《駒陰冗記》

【註釋】

1 三山：福建福州的別稱。

# 隸卒門聯

某天，有一個隸卒請求鄭堂替他書寫門聯。鄭堂在其左邊寫了「英雄」二字，在其右邊寫了「豪傑」二字。這位隸卒一見喜出望外，立即備酒菜款待鄭堂。喝罷酒，隸卒便請鄭堂把這一副門聯寫完。鄭堂於是寫道：

英雄手執苗竹片，
豪傑頭簪野雞毛。

這一副門聯把隸卒的模樣活脫脫地描繪了出來。隸卒見了，心裏很不高興，卻無話可說。

【原文】

有隸卒乞書門聯，唐書其左曰：「英雄」。右曰：「豪傑」。卒喜，具飲饌，乞足成之。遂書曰：「英雄手執苗竹片，豪傑頭簪野雞毛。」卒含怒。

清褚人穫輯《堅瓠九集》卷二

## 鄭堂體

鄭堂會寫詩，性格非常滑稽。太守的夫人去世，將要入殮的時候，死者卻不閉上眼睛。鄭堂自稱能夠為亡靈祝禱，因此高聲吟唱道：

夫人一貌玉無瑕，四十年來鬢未華，
何事臨終含淚眼，恐教兒子著蘆花。

吟唱完畢，太守夫人的眼睛就閉上了。太守因此以厚禮饋贈鄭堂。

過了一些時候，皇上駕崩，全國舉行哀悼。不久，太守在西湖上宴請賓客。鄭堂聞訊趕去，故意衝到太守跟前。太守感到憤怒，下令讓鄭堂寫詩自責。鄭堂接連書寫了幾個「苦」字。

太守笑道：「你如今才知道苦嗎？」

鄭堂繼續寫下去，成為一首詩：

苦苦苦苦苦苦天，上皇晏駕未經年。
江山草木皆垂淚，太守西湖看畫船。

太守見了嚇出一身冷汗，趕忙派人把鄭堂送走。

後來，福建人便把這種詩歌的形式稱為「鄭堂體」。

**【原文】**

閩鄭堂能詩歌，好滑稽。郡守喪妻，將殮而不瞑。堂自言能祝，因高吟曰：「夫人一貌玉無瑕，四十年來鬢未華，何事臨終含淚眼，恐教兒子著蘆花。」吟訖而瞑，守厚禮之。會國喪，太守宴於西湖，堂故衝其前導。守怒，令作詩自責。堂連書「苦」字，守笑曰：「汝今知苦乎？」堂續曰：「苦苦苦苦苦苦天，上皇晏駕未經年。江山草木皆垂淚，太守西湖看畫船。」守亟遣之，至今閩人稱俳諧為「鄭堂體」。

清朱克敬撰《雨窗消意錄》甲部卷一

# 楊南峰的故事

楊南峰係中國古代民間故事中的一位文人型機智人物。其原型楊南峰是明代的一個文人，生平事蹟不詳。他的趣聞逸事，見於明夢龍編纂《古今譚概》、明浮白齋主人撰《雅謔》、清褚人穫輯《堅瓠集》等。

## 酉齋與家人

楊南峰為人聰明而刻薄。他鄰居有一個鐵匠得了橫財暴富起來後，鄉里的人為了祝賀他的寶號落成，便去請楊南峰給題寫號名。楊南峰提筆寫了「酉齋」兩個字。眾人見了，不知道其中有什麼涵義。

有人問楊南峰：「這個『酉』字出自何處？」

楊南峰回答道：「這個『酉』字嘛，橫看是個風箱，豎看是個鐵墩。」

眾人聽了，笑得前仰後合。

又有一個富翁住在鄉間，請楊南峰給他家題寫門上貼的對聯。楊南峰知道這個富翁的祖上曾經做過僕人，就提筆寫了這樣一副門聯：

家居綠水青山畔，
人在春風和氣中。

這副門聯的上面排列了「家人」二字，經過他家門外的人見了，沒有不偷偷發笑的。

## 【原文】

楊南峰為人聰刻。鄰居有一鐵匠，得財暴富，里中為之慶，因請於楊。楊題云：「酉齋。」人咸不解。或問：「何出？」答曰：「橫看是個風箱，豎看是個鐵墩。」聞者絕倒。

有富翁鄉居，求南峰書門對。此翁之祖，曾為人僕。南峰題云：「家居綠水青山畔，人在春風和氣中。」上列「家人」二字。見者無匿笑。

清褚人穫輯《堅瓠七集》卷四

# 浴狗日

民間相傳三月三是浴佛日，六月六是浴貓狗日。有個客人來拜訪楊南峰的時候，正好是三月三。楊南峰以洗澡為由，不願意相見。客人不明白是什麼緣故，認為楊南峰很傲慢，就想找個機會報復一下。

楊南峰在六月六這一天去回訪，那個客人也以洗澡為由，不出來見楊南峰。楊南峰便在牆上題寫一首詩調侃道：

君昔訪我我洗浴，我今訪君君洗浴。
君訪我時三月三，我訪君時六月六。

【原文】

俗傳三月三為浴佛日，六月六為浴貓狗日。有客謁楊南峰循吉，值三月三日，楊以浴辭。客不解，謂其傲也，思以報之。楊乃於六月六往拜，客亦辭以浴。楊戲題其壁曰：「君昔訪我我洗浴，我今訪君君洗浴。君訪我時三月三，我訪君時六月六。」

明馮夢龍編纂《古今譚概》儇弄部第二十二

## 皇老烏龜

先前在蘇州一帶，皇甫氏一家最為富有而且很興盛，但治家一向寬鬆。楊南峰給他家獻壽圖，在上面題詩道：

皇老先生，
老健精神，
烏紗白髮，
龜鶴同齡。

皇甫公見了非常高興，便把它懸掛在大堂上。有見識的人一看，就笑著說：「這是罵您的呀。」因為豎看排列著「皇老烏龜」四字。皇甫公這才明白過來。

【原文】

先是吳中皇甫氏最貴盛，而治家素寬。楊南峰獻壽圖，題詩其上曰：「皇老先生，老健精神，烏紗白髮，龜鶴同齡。」皇甫公大喜，懸之堂。有識者笑曰：「此詈公也。」蓋上列「皇老烏龜」四字。公乃悟。

明馮夢龍編纂《古今譚概》儇弄部第二十二

## 弔喪

有一個兒子在父母親去世的時候，並不感到哀痛。楊南峰知道他的表現以後，特地戴上寬鬆的頭巾前往他家弔唁。楊南峰下拜時，讓頭巾脫落下來，滾進座位下面。楊南峰不用手去撿，而是把腦袋伸到頭巾裏去。他剛把腦袋伸進去，就頂了出來，人們見了免不了哄堂大笑。

這個兒子，因此背上了不孝的名聲。

【原文】

有喪家其子不戚。楊南峰為諸生時，特製寬巾往弔，既下拜上，巾脫，滾入座位下。楊即以首伸入穿之，幕中皆笑，楊遽出。此子遂蒙不孝聲。

明馮夢龍編纂《古今譚概》儇弄部第二十二

# 翟永齡的故事

翟永齡係中國古代民間故事中的一位文人型機智人物。其原型是明代的一個文人，生平事蹟不詳。他的趣聞逸事，見於明陸粲撰《說聽》、明馮夢龍編纂《古今譚概》、明浮白齋主人撰《雅謔》等。

## 牛何之

少年時代，翟永齡經常翹課，長時間不到學堂讀書。私塾老師十分生氣，就罰翟永齡作文，命題曰「牛何之」。

翟永齡提筆很快就把作文寫好了，文章的結語是這樣寫的：

按「何之」二字，兩見於《孟子》，一曰：「先生將何之？」一曰：「牛何之？」然則先生也，牛也，二而一，一而二者也。

【原文】

翟永齡平日不詣學宮。師怒，罰作一文，以「何牛之」命題。翟操筆立就，結云：「按『何之』二字，兩見於《孟子》之書。一曰：『先生將何之？』一曰『何牛之？』然則先生也，牛也，一而二，二而一者也。」

明馮夢龍編纂《古今譚概》儇弄部第二十二

## 止母念佛

翟永齡的母親崇信佛教，每一天都要不停地誦佛。翟永齡假意呼喊母親，母親立刻答應。接下來，他又不斷地呼喊。

母親很不高興，說道：「沒有事你為啥一個勁兒地喊我！」

翟永齡回答說：「我呼喊母親三四遍，母親您就不樂意了。菩薩要讓母親您呼喊千萬聲，菩薩憤怒之情不曉得要達到何等地步啊！」

聽了翟永齡這麼一講，母親才稍稍有所領悟。

【原文】

翟母皈心釋氏，日誦佛不輟聲。永齡佯呼之，母應諾。又呼不已，母慍曰：「無有，何頻呼也？」永齡曰：「吾呼母三四，母便不悅，彼佛者日為母呼千萬聲，其怒當何如？」母為少悟。

明　馮夢龍編纂《古今譚概》儇弄部第二十二

## 偷帽

翟永齡，常州人。他剛進學宮讀書的時候，老師規定每天五更天不亮就要升堂講課，學生們都苦不堪言。有一天，翟永齡偷偷地蹲在矮牆下面，等候老師從這裏經過時，突然伸手摘下他的帽子，拿去戴到土地爺的頭上。老師四處尋找，在土地爺頭上找到了自己的帽子，感到奇怪，心裏非常害怕，從此以後再也不敢起早啦。

【原文】

翟永齡，常州人，初入泮宮，師長日以五更升堂講課，同輩苦之。永齡因伏矮牆下，伺其走過，疾取其帽，置土地神頭。師遍覓得之，以為怪，大懼，不復蚤行。

明　馮夢龍編纂《古今譚概》儇弄部第二十二

# 赴試

翟永齡去趕考的時候，為沒有盤纏發愁。於是，他便買了一些棗子，把所乘的船停靠在集市旁邊，上去呼喊一群眾小娃娃來，每人給一捧棗子，教他們唱道：

不要輕，不要輕，今年解元翟永齡。

於是，才常州到京城，一路上都有人傳唱這樣的民謠。翟永齡因此獲得許許多多捐贈，再也不為趕考的盤纏發愁啦。

【原文】

翟永齡赴試，苦無資，乃買棗，泊舟市墟，呼群兒，與棗一掬，教之曰：「不要輕，不要輕，今年解元翟永齡。」常州至京，民謠載道，大獲贐[1]助。

明馮夢龍編纂《古今譚概》俍弄部第二十二

**【註釋】**

1 贐（音同盡）：贈人以盤纏或禮金。

## 題扇

有一回，翟永齡過靖江的時候，船上的乘客都稱他為「相公」。那時，一個官吏在座，人們也稱他「相公」。翟永齡認為人們對他不尊重，心裏有一點不痛快。

隨後，有人拿出扇子來請求題詩。這個官吏不知高低，竟搶先提筆書寫。等他寫了才輪到翟永齡。翟永齡故意裝出不會寫的樣子，題寫道：

山不山，水不水，
一個板上兩個鬼，
一個吹火通，一個舒火腿，
嚇得雞婆飛上天。
世上名畫見千萬，
不知此畫出何許？

翟永齡詢問船上的乘客，眾人都因為羞愧而臉紅。

【原文】

翟永齡偶過靖江，人咸以「相公」稱之。時有一吏在坐，亦稱他「相公」。翟永齡意謂人不加敬。後有出扇求詩者，此吏捉筆竟題於前。次至永齡，故為不能之狀，題曰：「山不山，水不水，一個板上兩個鬼，一個吹火通，一個舒火腿[1]，嚇得雞婆[2]飛上天去。世上名畫見千萬，不知此畫出何許？」詢知海槎[3]，眾人甚為赧。

明馮夢龍編纂《古今譚概》文戲部第二十七

【註釋】

1 此句描寫的是扇子上面所畫的情境：船上面有兩個人，一人吹笛子，一人搖櫓。

2 此句描寫的是扇子上面所畫的飛雁。

3 海槎（音同差）：海船。這裏指船上的乘客。

## 原是瓦窯

翟永齡滑稽多端。無錫鄒光大，連年生女。有一天，鄒光大宴請翟永齡。翟永齡在席間作詩與鄒光大開玩笑，說道：

去歲相招云弄瓦，今年弄瓦又相招。
寄詩上覆鄒光大，令正原來是瓦窯。

明 陸粲撰《說聽》卷下

## 【原文】

翟永齡滑稽多端。無錫鄒氏有字光大者，連年生女，俱召翟燕飲。翟作詩戲之云：「去歲相招云弄瓦[1]，今年弄瓦又相招。寄詩上覆鄒光大，令正[2]原來是瓦窯。」

## 【註釋】

1 舊時稱生女嬰為「弄瓦」。
2 令正：對方妻子的敬詞。

# 劉墉的故事

劉墉係中國古代民間故事中的一位官宦型兼文人型機智人物。其原型劉墉（一七一九至一八〇四），字崇如，號石庵，山東諸城人。乾隆進士，官至體仁閣大學士，他的趣聞逸事，往往與皇上及各級官吏相關，或者與文人雅士相關，見於清李伯元撰《南亭筆記》、清末小橫香室主人編《清朝野史大觀》、近人辜鴻銘等撰《清代野史》等。

## 捉弄和珅

清代乾隆年間，和珅做宰相，操縱了國家大事，權力一手遮天，連明代的宦官魏忠賢也比不上他。和珅結黨營私，人們在路上見到他時，因為畏懼他的權勢而不敢正視，朝中的官員大都不敢觸犯他的鋒芒。這時，劉墉儘管做了相國這樣一個總領國政的長官，亦無法挫敗和珅的囂張氣焰，因而常常耿耿於懷。

有一年春天，劉墉探聽到和珅將要應召入宮去見乾隆皇帝。正好這時風雪滿天，泥濘遍地，劉墉就故意穿上一身破舊的衣服，等候在路上。當和珅的轎子過來時，劉墉連忙命下人拿著他的名帖，送到和珅的轎前說道：「劉中堂親自到府上賀年不遇，如今正在下轎迎候。」

和珅本來不打算下轎，只準備在轎內寒暄幾句，可是見劉墉已經跪到地上向他祝賀新年，便趕緊下轎跪地答禮。和珅身上穿的黑色裘皮繡花襖，竟糊滿汙穢。

後來，和珅儘管到宮裏去哭訴，卻奈何不了劉墉。

【原文】

清乾隆時和珅當國，權傾一世，明閹宦魏忠賢亦不是過。結黨營私，道路側目，朝士莫敢攖其鋒者。時諸城劉文清公崇如總制百揆，亦無以挫其焰，心常銜之。癸未春首，偵知和應召入宮。值風雪載途，泥濘遍地，乃故著敝衣迎之於路。和至，命人持刺高謁於前曰：「中堂親自過府賀年，不遇，今降輿矣。」和無法，下轎，比欲寒喧，而劉已跪地與賀。和急答之，玄裘繡襖已汙穢滿身。哭訴宮闈，卒莫奈劉何。

清末小橫香室主人編《清朝野史大觀》卷六

## 當朝服

劉墉清正廉潔，當官數十年家中依然冷冷清清，門可羅雀。與此同時，有一位滿族的宰相專權，恣意妄為，富得可以與皇上匹敵。這位滿相的看門人某某，也積得賄賂百餘萬兩銀子，在京城開了十幾家當鋪。劉墉經常拿朝服到那些當鋪去當錢。可是，滿相的看門人卻毫無所知。

元旦朝賀的時候，同僚的各位官員都身穿狐皮袍、貂皮套，雍容華貴，唯獨劉墉穿一身破舊的袍子，樣子顯得相當寒酸可憐。乾隆皇帝以為劉墉裝窮，心裏頗為不高興。

他日，乾隆皇帝問劉墉為何如此穿著，劉墉叩頭回答道：「微臣的一應衣服，均在滿相的看門人某某那裏。」

乾隆皇帝召滿相來詢問，滿相竟茫然不知。

劉墉拿出當票給滿相看，說道：「有憑據在此，怎麼說沒有呢！」

滿相無地自容，十分窘迫。

## 【原文】

劉墉持恭清介，居官數十年，依然門可羅雀。同時則有滿相某，專權恣肆，富敵萬乘[1]。其司閽某，亦積得暮夜金[2]百餘萬，在京師設典肆十餘所。劉恆以朝服向之質錢，而閽不知也。會元旦朝賀，同官皆狐裘貂套，劉獨衣敝縕[3]，狀殊瑟縮。帝以為偽，頗不懌[4]。翌日帝問之，劉叩首對曰：「臣一應衣服俱在某人處。」帝召滿相某問之，殊茫然。劉出質契示某相曰：「有憑據在，何得云無！」某相窘甚。

清李伯元撰《南亭筆記》卷四

## 【註釋】

1 萬乘：指皇上。

2 暮夜金：賄賂。

3 縕：袍子。

4 懌（音同譯）：高興。

## 但使下民無殿屎

一日，官員們在軍機處會餐。有一位官員向同僚徵求唐、宋時期宰相堂飧的故事。這時，劉墉忽然高聲音吟唱道：

但使下民無殿屎，何妨宰相有堂飧。

在座的同僚們聽了，都笑得噴出飯來。

### 【原文】

一日，會食軍機處[1]。同列有徵唐、宋宰相堂餐[2]故事者。文清忽朗吟曰：「但使下民無殿屎[3]，何妨宰相有堂飧。」一座為之噴飯。

近人章鴻銘等撰《清代野史・棲霞閣野乘客》

### 【註釋】

1 軍機處：官署名，清代中期以後輔助皇帝處理政務的機構。

2 堂餐：又稱「堂饌」、「堂食」。唐、五代、宋時期政事堂的公膳。

3 殿屎（音同希）：愁苦地呻吟。

## 求書

劉墉的書法名重一時，然而想得他的墨蹟十分不容易。有某公與劉墉同在軍機處共事，常饋贈各種精品飲食給劉墉，劉墉總是要致函表示感謝。沒過幾日，他又有所饋贈，一年多時間未曾間斷。

有一日，劉墉去拜訪這位同僚。這位同僚忽然拿出一本冊頁，劉墉打開一看，裏面全是自己的手跡。數量如此之多讓劉墉感到驚訝。他仔細一端詳，都是自己平日寫的感謝函。

這位同僚因而說道：「沒有這些饋贈，怎麼會得到如此多的珍跡呢？」

劉墉聽了，便大笑起來。

### 【原文】

劉文清公書名重一時，然求書不易。有某公同直軍機，時饋劉精品飲食，劉輒函謝。不數日則又致饋，年餘未嘗倦。一日劉詣某，某忽出一冊，啟之，咸劉手跡。劉訝其多，視之，即己平日謝函也。某因曰：「不有此饋遺，何得如許珍跡耶？」劉大笑。

近人辜鴻銘等撰《清代野史・棲霞閣野乘客》

# 誇虱

一天，乾隆皇帝召劉墉到殿問話時，看見有一隻虱子緣著劉墉的衣領往上爬，隨即爬到鬍鬚裏面。乾隆皇帝暗自竊笑，而劉墉卻不知道。

劉墉退朝回到家中，那隻虱子讓僕人看見了。僕人請求劉墉讓他把虱子給捉來扔掉，這時劉墉才悟出，原來乾隆皇帝竊笑是因為這隻虱子的緣故。

於是，他仿效王安石的話，對僕人說道：「切莫殺這個虱子！這個虱子來頭可大啦，牠多次在宰相的鬍鬚上爬，曾經讓聖上過目，福分很大啦！」

【原文】

一日召對，（劉石庵相國墉）有虱緣衣領而上，蠕行鬚際，乾隆帝匿笑，而相國不知也。退食歸第，為僕人瞥見，請為拂去之，相國至是始悟帝對之笑者，蓋為虱故。因效王荊公語，謂僕人曰：「勿殺此虱！此虱屢緣相鬚，曾經御覽，福分大佳，爾勿如也。」

清李伯元撰《南亭筆記》卷四

# 紀曉嵐的故事

紀曉嵐係中國古代民間故事中的一位官宦型兼文人型機智人物。其原型紀昀（一七二四至一八〇五），字曉嵐，一字春帆，晚號石雲，直隸獻縣（今屬河北省）人。他既是乾隆時期的大官員，由編修、侍讀學士遷至禮部尚書、協辦大學士，又是乾隆時期的大學者和文學家。其人性滑稽，善諧謔。他的趣聞逸事，往往與皇上及各級官吏相關，或者與文人雅士相關。見於清錢泳撰《履園叢話》、清鄒弢撰《三借廬筆談》、清陳康祺撰《郎潛紀聞》、清朱梅叔撰《埋憂集》、清高繼衍撰《蝶階外史》、清朱克敬編《雨窗消意錄》、清獨逸窩退士輯《笑笑錄》、清李伯元撰《南亭筆記》、清末小橫香室主人編《清朝野史大觀》、近人易宗夔撰《新世說》、近人徐珂編《清稗類鈔》、近人吳個廠撰《笑話大觀》、近人楊汝泉編纂《滑稽故事類編》、近人李鐸纂輯《破涕錄》、近人憨齋士纂輯《笑林博記》等。

## 老頭子

紀曉嵐身體肥胖，十分怕熱，到了夏天，往往汗流浹背，衣服總是濕漉漉的。當他進入宮中值班供奉職的南書房時，一進房間就立即脫衣納涼，過好一會兒才走出來。

乾隆皇帝聽到太監講到這件事，覺得非常有趣。某一天，乾隆皇帝想拿紀曉嵐尋開心，戲弄他一下子。當紀曉嵐赤身袒腹正在跟幾位同僚談笑時，乾隆皇帝忽然從內屋裏走了出來。那幾位全都倉皇披起衣服。紀曉嵐近視，直到乾隆皇帝走到跟前，他才發現，可是已經來不及穿衣服了。他趕緊躲藏在御座下面，氣喘吁吁，卻不敢動彈。

乾隆皇帝坐了兩個小時不走，也不吭聲。

紀曉嵐酷熱難忍，便伸頭往外看並且問道：「老頭子走了嗎？」

乾隆皇帝一聽就笑了，那些同僚也笑了。

乾隆皇帝說道：「紀昀無理！你怎麼會講如此輕薄的話？只有你講得通，便可以免罪；無話可講則殺頭！」

紀曉嵐說道：「陛下，微臣沒有穿衣服。」

乾隆皇帝便命太監把衣服拿給紀曉嵐穿，讓紀曉嵐跪在地上。

乾隆皇帝繼續讓紀曉嵐講一講「老頭子」做何解釋。

紀曉嵐摘下官帽，給皇上叩頭後，從容地說道：「陛下，萬壽無疆之謂『老』，頂天立地之謂『頭』，父天母地之謂『子』。」

乾隆皇帝聽了，甚為喜悅。

## 【原文】

紀文達體肥而畏暑，夏日汗流浹背，衣盡濕。時入直南書房，至直廬，即脫衣納涼，久之而後出。高宗聞內監言，知其如此。某日，欲有以戲之。會紀與同僚數人方皆赤身談笑，忽高宗自內出。皆倉皇披衣。紀又短視，高宗至其前，始見之，時已不及著衣，亟伏御座下，喘息不敢動。高宗坐二小時不去，亦不言。紀以酷熱不能耐，伸首外窺，問曰：「老頭子去耶？」高宗笑，諸人亦笑。高宗曰：「紀昀無理，何得出此輕薄之語？有說則可，無說則殺！」

紀曰：「臣未衣。」高宗乃命內監代衣之，匍匐於地，高宗厲聲繼問「老頭子」三字何解。紀從容免冠頓首謝曰：「萬壽無疆之為『老』，頂天立地之為『頭』，父天母地之為『子』。」

高宗乃悅。

近人徐珂編《清稗類鈔・詼諧類》

【註釋】

1 紀曉嵐諡「文達」，故稱紀文達。

## 江天一覽

有一年，乾隆皇帝南巡，駐蹕鎮江金山寺，紀曉嵐跟隨皇上住在那裏。

乾隆皇帝想給金山寺題寫一個匾額，可是很長時間想不寫什麼。

他假意在紙上擬好底稿，舉起來問紀曉嵐道：「愛卿，你瞧瞧行不行？」

紀曉嵐立刻回應道：「好一個『江天一覽』！」

乾隆皇帝聽了非常喜悅，隨即書寫出來交給紀曉嵐。

【原文】

乾隆南巡，駐蹕[1]金山寺，文達隨焉，欲題一額，構思不屬，因取筆　為起稿於紙上者，舉示文達曰：「你瞧瞧行不行？」文達曰：「好一個『江天一覽』！」乾隆大悅，即書付之。

清李伯元撰《南亭筆記》卷五

【註釋】

1 駐蹕：帝王出行，中途停留暫住。

## 竹苞

乾隆皇帝思路非常敏捷。一日，他來到和珅家中，看見和珅家的亭子匾額上，有紀曉嵐書寫的兩個擘窠大字：「竹苞」，便笑眯眯地對和珅說道：

「這是紀昀嘲笑你的詞語，說你家『個個草包』啊。」

和珅聽了特別尷尬，而在皇上面前也不好說什麼，只得點頭稱是。

## 【原文】

高宗性極穎悟，一日臨幸和珅家，見珅家亭額，紀曉嵐為作擘窠[1]大字二，曰「竹苞」。笑諭珅曰：「此紀昀嘲汝之詞，蓋謂汝家『個個草包』也。」珅聞而銜之。

近人易宗夔撰《新世說》卷四《捷悟》

## 【註釋】

1 擘窠（音同薄科）：即擘窠書，大字的通稱。

# 巧對

紀曉嵐乃是天才積學之士，對對聯巧妙無比，往往信手拈來，出口成趣。

有一天，陸耳山對紀曉嵐說：「剛才到四眼井去飲馬，『四眼井』用什麼才能對得上呢？」

紀曉嵐回答道：「就拿閣下來對可以嗎？」

頓時，兩人都會心地笑了起來。

又有人對紀曉嵐先生說：「北京街上的招牌，如：『祖傳狗皮膏，祕製烏鬚藥。』『去風柳牙杖，滴露桂花油。』『秋爽來學，冬季諷經。』『精裱唐宋元明古今名人字畫，發賣雲貴川廣生熟藥材。』所有這些對聯都已經聽說過了，不知道書店的『老二酉』用什麼來對？」

紀曉嵐回答道：「你進正陽門的羅城時，不妨到布傘上去看一看。」

這個人不懂紀曉嵐先生的意思。他走到正陽門那裏，便見到算命的人在布傘上書寫的「大六壬」三字，一下就明白了，覺得紀曉嵐先生對得精妙無比。

## 【原文】

獻縣紀文達參知天下宿學，屬對之妙，信手拈來，觸口成趣。一日，陸耳山學士錫熊[1]云：「適飲馬四眼井，『四眼井』以何為對？」公曰：「即以閣下對可乎？」兩人各大笑。或謂公曰：「京師招牌，如：『祖傳狗皮膏，祕製烏鬚藥。』『去風柳牙杖，滴露桂花油。』『秋爽來學，冬季諷經。』『精裱唐宋元明古今名人字畫，發賣雲貴川廣生熟道地藥材。』凡此者既聞之矣。若書坊之『老二酉』以何為對？」公曰：「汝進正陽門羅城[2]時，試以布傘上觀之。」其人不悟，至其處，乃賣卜者書「大六壬」三字也。

清高繼衍撰《蝶階外史》卷一

## 【註釋】

1 陸錫熊：字健男，號耳山，乾隆進士，累遷副都御史。

2 羅城：城牆外加建的凸出形小城圈。

# 什麼東西

乾隆年間，京城裏的工部衙門被火燒了，皇上命令大司空金簡召集眾工匠重新建造。當時，北京流傳一聯云：「水部火災，金司空大興土木。」其中，包含了「金木水火土」五行。過了很長時間，都無人能夠對得出下聯。

中書君某某，是河北河間縣人氏，他對人講：「這個上聯不是我同鄉紀曉嵐先生，對不出來。」因而前往紀府，請求曉嵐先生。

紀曉嵐說道：「這倒不太難對。」他在房中踱步一小會兒，忽然笑道：「但是，我對出來於足下有一些不恭，怎麼可以呢！」

中書君某某回答道：「只要對得出來，無妨。」

紀曉嵐便說：「北人南相，中書君什麼東西。」其中，包含了「東南西北中」五方，對得非常工整。

這位中書君聽了，感到羞慚，卻又不好意思發火，當即退去。

隨後，紀曉嵐先生對出來的下聯便不脛而走，很快傳遍了北京城。

## 【原文】

乾隆戊申年，京師工部[1]衙門失火，上命大司空[2]金簡[3]鳩工新之，時京師有一聯云：「水部火災，金司空大興土木。」久之，無有對者。中書君某，河間人也，語於人曰：「此非吾鄉曉嵐先生不能。」因詣紀求之。紀曰：「是亦不甚難對。」躊躇有頃，先生忽笑曰：「但有妨足下奈何？」中書曰：「有對固無傷也。」先生曰：「北人南相，中書君什麼東西。」其人慚而退，都中人哄傳。

清撰錢泳撰《履園叢話》卷二十一

【註釋】

1 工部：主管全國工程、屯田、水利、交通等各項事務。
2 大司空：工部尚書的別稱。
3 金簡：漢軍正黃旗人，乾隆年間累官內務府大臣，充任四庫全書副總裁。

## 猜謎

某日，乾隆皇帝帶著一些臣子在亭裏賞雨。過一會兒，雨漸漸猛烈起來，雨水把大溝小溝都灌滿了，並且把山坡中間的小草也淹沒了。

乾隆皇帝突然興起，便編了一則謎語，讓各位大臣來猜：「大了小了，小了大了，大了就沒有了。」

可是，大臣們沒有一個吭聲的。接著，乾隆皇帝又問那些太監，才知道所有的人都猜不出來。

第二天，又談到這一則謎語，大家都說是雨中的小草，大概有二十多個人這樣猜吧。

乾隆皇帝大笑道：「錯了，錯了，你們都錯了。」

乾隆皇帝趕快把紀曉嵐召來，對他說道：「紀卿，你總該知道吧？」

紀曉嵐恭恭敬敬地回答道：「皇上所說的，估計是小兒的囟門。」

乾隆皇帝聽了，連連點頭稱是。

【原文】

乾隆一日在亭中賞雨，已而漸猛，溝澮[1]皆盈，坡間小草漸為所沒。乾隆因戲製為謎語云：「大了小了，小了大了，大了就沒了。」令諸臣射之，諸臣無以應。已而叩諸內監，始知其故。翌日，以雨中小草為對者，凡二十餘人。乾隆大笑云：「錯了，錯了。」詔紀文達曰：「紀你總該知道。」文達奏云：「皇上所說的，諒是小兒囟門。」乾隆稱善。

清李伯元撰《南亭筆記》卷五

【註釋】

1 澮（音同會）：田間水溝。

## 是狼是狗

有一次，紀曉嵐出席某尚書的宴會，同座的某御史也是個生性滑稽的人。他看見有一條狗從廚房前面走過，便假意問道：「是狼是狗？」

「是狼」與「侍郎」同音。他以此來嘲弄紀曉嵐的官職。

紀曉嵐立即回答道：「是狗。」

某尚書問道：「你怎麼知的？」

紀曉嵐說道：「狗和狼有兩個地方不同：一則是牠們的尾巴朝上朝下有區別，下垂是狼，上豎是狗；一則是牠們的吃食有區別，狼非肉不吃，狗卻遇肉吃肉，遇屎吃屎。」

「上豎」與「尚書」同音，「遇屎」又與「御史」同音。某尚書、某禦御史本來想嘲弄紀曉嵐，卻反而受到了紀曉嵐的嘲弄。

## 【原文】

紀文達宴於某尚書家，同座有某御史，亦滑稽者流，見一狗從庖前過，乃佯問曰：「是狼是狗？」「侍郎」與「是狼」同音，意指文達也。文達急對曰：「是狗。」尚書問曰：「何以知之？」文達曰：「狗與狼有不同者二：一則視其尾之上下而別之，下垂是狼，上豎是狗；一則視其所食之物而別之，狼非肉不吃，狗則遇肉吃肉，遇屎吃屎。」蓋「上豎」與「尚書」同音，「遇屎」又與「御史」同音也。

近人徐珂編《清稗類鈔・詼諧類》

# 師徒司徒

紀曉嵐非常喜好作楹聯。紀曉嵐的同鄉某某人父子二人，同為戊子年科考的舉人，他因而才構思了「父戊子，子戊子，父子戊子」的上聯來。可是，他冥思苦想很久，總是想不出下聯。

於是，有人便譏諷道：「紀某人自稱天下從來沒有對不上的對聯，為什麼竟有如此之難對呀？」

碰巧，有師生二人同時在戶部為官。紀曉嵐瞭解到這個情況之後，立刻對出下聯：

師司徒，徒司徒，師徒司徒。

## 【原文】

文達好作楹聯。同鄉某父子二人，同為戊子科舉人，因有「父戊子，子戊子，父子戊子」之對，久思下聯不得。或曰：「紀某自稱無不可對之聯，盍以此難之？」時適有師生二人同官戶部者，紀偵得之，即謂或曰：「師司徒[1]，徒司徒，師徒司徒。」

清李伯元撰《南亭筆記》卷四

【註釋】

1 司徒：戶部尚書的俗稱。

## 更勝一籌

乾隆年間，皇上每一年都要巡幸熱河，必定在中秋節後的一天到木蘭圍場去。重陽節前後，乾隆皇帝又從木蘭圍場出來。沿途經過的萬松嶺，乃是乾隆皇帝駐蹕登高的地方。

庚戌年，乾隆皇帝住在萬松嶺上，他讓彭文勤把原先懸掛的楹聯，更換成新的。彭文勤冥思苦想，偶然間得到一句聯語：

八十君王，處處十八公，道旁介壽。

可是，彭文勤怎麼也對不出下聯。於是他只好派人騎馬送去一紙，請求紀曉嵐幫忙對成一副對聯。紀曉嵐公見到來人，淡淡一笑道：「他又來考我啦！」立刻在紙上寫出下聯：

九重天子，年年重九節，塞上稱觴。

彭文勤公得到快馬送回來下聯，感歎道：「曉嵐真勝我一籌喲。」

## 【原文】

乾隆中，每歲巡幸熱河，必於中秋後一日進哨[1]，即木蘭圍場也。重陽前後出哨，蹕路所經，有所謂萬松嶺者，為重九日駐蹕登高之所。歲庚戌[2]，上駐此，顧謂彭文勤[3]公，令將舊楹貼，悉易新語。公構思甚苦，偶得句云：「八十君王，處處十八公[4]，道旁介壽[5]。」

苦無對。因馳一紙書，屬紀文達公成之。文達笑曰：「芸楣又來考我乎！」立就餘紙寫對句云：「九重天子，年年重九節，塞上稱觴[6]。」公得報，歎曰：「曉嵐真勝我一籌矣。」

近人辜鴻銘等撰《清代野史・棲霞閣野乘客》

## 【註釋】

1 進哨：到木蘭圍場去。

2 庚戌年：即西元一七九〇年，這年乾隆皇帝八十歲。

3 彭文勤：清乾隆大臣。

4 十八公：即「松」。

5 介壽：祝壽。

6 稱觴：舉杯祝酒。

## 牛姓

紀曉嵐善於跟人逗趣。天津有一位牛太守，給兒子辦喜事娶媳婦，紀曉嵐派人給牛太守送去一副喜聯，上面這樣寫道：

繡閣團圞同望月，香閨靜好對彈琴。

起初，牛太守還沒有感覺到有什麼不對勁。後來，紀曉嵐到牛太守府上來祝賀，指著這副喜聯問道：「我用貴府的典故怎麼樣？」

牛太守這時才醒悟過來，不免一笑。

### 【原文】

獻縣紀相國善諧謔，人人共知。有天津牛太守名稔文者，其子坤娶婦，相國與太守本為中表兄弟，送喜對一聯云：「繡閣團圞同望月[1]，香閨靜好對彈琴[2]。」初尚不覺也，次日相國來賀，指此聯曰：「我用尊府典故如何？」

清錢泳撰《履園叢話》卷二十一

【註釋】

1 此句暗含「犀牛望月」之意。

2 此句暗含「對牛彈琴」之意。

## 疣太守

紀曉嵐喜歡跟同僚開玩笑，不少人都受到過他的捉弄。

有一天，某太守到紀曉嵐府上拜訪，紀曉嵐看見其人左邊額頭上長了一塊疣，大如核桃，便故作驚訝地說道：「您管轄的地方廣闊，統領的僚屬眾多，您有這樣的累贅，有礙觀瞻。某處有一位郎中，能夠治療這一種疾患。考慮到這位郎中對技藝祕而不宣，不輕易給人看病，必得先贈送厚禮，慢慢告訴病情，才能夠給您治療。」

某太守遵照紀曉嵐的話，前往某處求治。可是，他一看這位郎中的額頭上長了一塊疣，這才悟出被紀曉嵐戲弄，就滿心不高興地回去了。

【原文】

紀文達公昀喜詼諧，朝士多遭侮弄。有某太守來謁，公見其左額有疣，大如胡桃，訝曰：「君擁連城，統僚屬，累累者何以儀眾？某市有某郎中能療此疾，顧甚祕其術，必先具厚禮，徐告以情乃可。」某如言，既見，則郎中額亦有疣，乃悟為公所戲，恚懊而歸。

清朱克敬編《雨窗消意錄》甲部卷一

## 人間四季夏秋冬

有一天，紀曉嵐下班回家的時候，遇到了一位宦官。

那人對紀曉嵐說：「正好有一副上聯：『榜上三元解會狀。』要請明公對下聯，以便成為完璧。」

紀曉嵐應聲對出下聯道：「人間四季夏秋冬。」

這位宦官連忙問紀曉嵐：「為何脫掉一個『春』字？」

紀曉嵐笑道：「公公應當自問是何緣故啊！」

其實，紀曉嵐意在嘲諷這些閹人都無「春」可言。

【原文】

紀文達嘗於退直遇一內監，曰：「適有一聯，乞公為足成之。」出句云：「榜上三元解會狀。」文達應聲云：「人間四季夏秋冬。」內監問：「何故脫卻『春』字？」文達笑曰：「君當自問其為何故也。」

近人徐珂編《清稗類鈔・詼諧類》

## 其下無之矣

有一次，紀曉嵐與百官聚集在宮廷內等待上朝。正在與同僚相互談笑逗趣的時候，忽然間來了一個小太監，他好奇地問道：「大人們在講什麼笑話呀，能不能讓我聽一聽？」

紀曉嵐隨即講道：「沒有什麼笑話。如今有一個人呀……」

小太監忙問：「下面怎麼樣呢？」

紀曉嵐回答道：「下面沒有了。」

## 【原文】

紀文達在直廬待漏，方與同直者諧謔，忽一小閹至，曰：「公等所說笑話，可得聞歟？」文達：「無笑話，惟今有一人……」語至此，默然。小閹至，曰：「其下如何？」文達曰：「其下無之矣[1]。」

近人徐珂編《清稗類鈔・詼諧類》

## 【註釋】

1 他用此話暗諷太監被閹割。

# 袁丹叔的故事

袁丹叔係中國古代民間故事中的一位文人型機智人物。其原型袁丹叔，外號「袁癡」，清代人，曾任嘉興太守，生平事蹟不詳。他的趣聞逸事，有不少有惡作劇之嫌，見於清許仲元撰《三異筆談》、清陳其元撰《庸閒齋筆記》、清黃鈞宰撰《金壺七墨》等。

## 以石壓之

袁丹叔性格詼諧，喜歡跟人開玩笑、逗樂，酷似明代的唐伯虎、祝枝山。他以嘉興太守的身份退隱還鄉，買住宅到縣裏閒居。

有一天，袁丹叔沒戴帽子，身穿便衣，靠在門上閒望。有一位朋友派僕人送信給他。那人不認識袁丹叔的住宅，不料一見到他便問：「『袁癡』的家在什麼地方？」這「袁癡」乃是師長、親友們背地裏給他取的綽號。

袁丹叔一聽此言，立即回答道：「這個宅子就是他家，我是他家的看門人，你送的書信，我可以幫忙遞進去。」

過一小會兒，袁丹叔帶著一個少年扛了一個包袱出來，這個包袱被封得嚴嚴實實的。他對那個僕人說道：「你家主人向我家主人借一個物件。這個物件很珍貴，但是很脆，容易破損，你要好好送去。」

隨後便讓一個小僕把包袱給那人牢牢地捆在背上。

袁丹叔朋友家的那個僕人用盡力氣，終於跌跌撞撞地把這個沉重的包袱揹回了主人家中。他氣急敗壞地向主人訴苦。主人既疑惑，又驚訝，連忙拆開包袱，這才發現是一扇巨磨，上面寫道：

家奴無知，呼我袁癡。
無法可治，以石壓之。

袁丹叔的朋友一看，竟拍手笑出聲來。

## 【原文】

袁丹叔先生性好遊戲，酷似唐解元、祝京兆。以嘉興太守得請家居，買宅府間居之。一日科頭[1]敝衣，倚門閒眺。有友人遣僕通書，未識門徑，邂逅問訊：「此間袁癡宅安在？」「袁癡」者，戚友甚公[2]背呼諱字[3]也。公聞僕言，應曰：「門內即是，吾為司閽，書可付達。」少焉，偕少年扛一襆[4]出，什襲封鈐，詔其僕曰：「汝主與我主假一器，器甚珍，亦頗脆，囑汝好待之。」飭二童縛其背，約束甚固。友僕竭蹶[5]負歸，氣急敗壞告勞於主。友疑其訝，發緘視巨磨一輪，題其上曰：「家奴無知，呼我袁癡。無法可治，以石壓之。」大為拊掌。

清許仲元撰《三異筆談》卷三

【註釋】

1 科頭：不戴帽子。

2 惎（音同季）公：導師、師長。

3 諱字：諢名、綽號。

4 襆：包袱。

5 竭蹶：力竭而跌跌撞撞。

# 安士敏的故事

安士敏係中國古代民間故事中的一位文人型機智人物。其原型安士敏，江北（今重慶市）人，生平事蹟不詳。他的趣聞逸事，有不少有惡作劇之嫌，見於清丁治棠撰《仕隱齋涉筆》。

## 訂做滿鞋

江北廳（今重慶市）人安士敏，為人輕薄刁滑、敏巧狡黠。年少時入學讀書，常常喜歡賣弄小聰明，惡作劇捉弄人。受他惡謔的，也只能將他咒詛謾罵一頓，別無他法。他住在府城外，房子就蓋在江邊上。

安士敏與重慶府的一家鞋店有過節兒。江北廳與重慶府之間只有一水之隔。一日，他喬裝打扮成為一個成都的滿城人士，到這一家鞋店訂做滿鞋五十雙，講明滿族婦女大都遮住前腳趾，踏步而行。因此，都以後跟為累贅之物，需要穿無跟鞋。由於省城裏面的做工不精良，故而專程趕到重慶府來做鞋。他要求這些鞋子都用杭緞繡花，每一雙的價格達到一千銅錢，半個月以後準時取貨。他立刻交了定金，叮囑店家務必精心製作。

可是，到了約定的時間，一直不見有人來取鞋。而沒有跟的鞋，卻無法拿來銷售。老闆實在沒辦法，只好補上後跟，賤價出售，竟損失五六成的本錢。

【原文】

江北廳安士敏，遊猾巧黠人也。年少入庠，好行小慧，虐弄人。受其虐者，惟謗罵之，而無如何。家居城外，臨江起宅。與重慶府鞋店有隙。廳到府隔一水。一日，變衣裝，托為成都滿城人，到鞋店訂做滿鞋五十雙。言滿婦女著鞋，多籠前趾，踏而行，以後跟為贅物，特做無跟鞋若干雙。省工不精，故來府另作。用杭緞繡小花，每雙價千錢，準半月後來取。當交定錢千，且囑精製為要。鞋店如式做成，及期，無取鞋者。而無跟之鞋，不能另賣。無已，將跟補綴，賤價售之，耗本資十之五六矣。

清丁治棠撰《仕隱齋涉筆》卷七

## 烏鬚藥

江北廳某學官剛剛到任不久，他的夫人便去世了。這位學官已經六十歲，打算續弦，再娶一位年輕貌美的夫人。安士敏知道他的心思，就主動表示願意幫忙。

安士敏哄騙學官說：「少婦大都不肯嫁給老年人。您的鬍鬚都白了，應當用烏鬚藥染一染，看上去像中年人，才能找到滿意的佳偶。」

這位學官問他：「到哪裏去買烏鬚藥呢？」

安士敏回答道：「我家裏就存有這一種藥，拿了染鬍鬚立刻見效。等我調配好了，馬上送過來。」

這位學官派人去取烏鬚藥，安士敏將鍋煙調漆一杯，命小妹拿給僕人。

這位學官的鬍鬚又多又密，糊上「藥」後粘成一片，見風很快便乾了。他用梳子一梳，一下就碎了，斷了。他跑去洗滌，根本洗不掉。他趕緊叫安士敏來，看看為什麼成為這個樣子。

安士敏過來一看，故意做出驚訝的表情說道：「哎喲，小丫鬟出錯啦！她拿的乃是拙妻用來抹假纂的膠水，真是胡來！現在沒辦法化解，您不如把它剃光了，返老還童，更會讓少婦中意。」

這位學官雖然心裏也感到疑惑，但是無可奈何，只好勉強把鬍鬚剃光。

## 【原文】

江北某學官，初蒞任，忽喪偶。年六旬矣，欲續弦，且覓青年者。安伺其意，代為之媒。且紿曰：「少婦多不願老人，公鬚白矣，當染烏藥，貌作中壽，方得佳偶。」官曰：「藥從何購？」安曰：「予蓄是藥，染鬚立效，俟調配停勻，可來取。」官飭紀取藥，安以鍋煙調漆一杯，命小姊授之。官鬚多而密，糊其藥，膠粘一片，見風立乾。梳之，碎且斷。屢濯不去。急呼安驗之。安故驚曰：「婢子誤甚，所予藥，乃膠漆合成，冊荊用抹假纂[1]者，胡顛倒至此？無法可解，不如薙之，返老為童，更中少婦意。」官惑其意，強剔之。

清丁治棠撰《仕隱齋涉筆》卷七

## 【註釋】

1 纂：方言，婦女梳在頭後面的髮髻。

# 對樓相親

發生烏鬚藥事故不久，安士敏跑到這位學官那裏去說：「找到了，找到了！我家東邊鄰居，有一個年輕婦人，剛剛成為寡婦，她長得漂亮，人非常賢慧。她的公公婆婆認為奇貨可居，非送一百兩銀子做聘禮，不會辦成一門親事。」

這位學官回答道：「那個婦人果真好的話，送一百兩銀子做聘禮也值得。但是，必須先看看相貌，才能定價。」

安士敏說：「講得很對，買東西還要先看貨咧，何況是娶親！」

當下講定，某日會館演戲，就到包廂樓上相親好了。

回家以後，安士敏跟他妻子合謀，到孤貧院裏面找了一個老婦人，偷偷做好安排。他讓自己的妻子到了那一天豔服濃妝，冒充媒婆，在包廂樓上，依靠著欄杆，不停地轉動目光拋媚眼。那個老婦人則扮成女僕，在她身邊來回周旋。

這一切都安排停當以後，安士敏便領這位學官到會館看戲，讓他對著包廂樓上探望。

安士敏含含糊糊地問道：「這個婦人行不行？」

安士敏的妻子原本有姿色，又加上豔服濃妝，格外顯得光彩動人。某學官以為他要找的就是這個婦人，立刻點頭同意。

安士敏又說道：「你出了一百兩銀子的大價錢，一定要仔仔細細地看好了。一下決定了終身大事，不要後悔啊！」

某學官一再點頭，交了一百兩銀子的聘禮，決定某日迎親。

到了迎親這一天，安士敏把那個老婦人弄上花轎，吹吹打打，送到學官的署裏。學官以為將要得到美婦，設宴廣邀賓客，早早地穿戴好在廳堂上等待著。等到新娘子下轎來，一看竟是個老婦人，不禁大驚失色。

他問安士敏，安士敏說：「此前你相親時所看見的，確實是這個人，哪裏有假冒之事？」

某學官說道：「我看到的那個很年輕呀！」

安士敏正顏厲色地說道：「您千萬不要亂說！前天您看到的那位少婦，乃是門生我的妻子，她陪伴師母去看戲。您這樣講，把身份、地位都搞錯啦。」

學官憤怒得不得了，有如食物到口了才發現難吃，吞不得，也吐不出，滿肚子氣轉身回屋裏去了。

這時老婦人大發不滿之言說：「堂堂一個學官，娶我做妻室，既有聘禮，又有媒人，卻無緣無故要將我拋棄，這夫婦之間的倫常道理又在哪裏呢？」

說完，撒潑耍賴，花樣百出，搞得整個官署鬧哄哄的。安士敏也裝模作樣，憤憤不平地說些氣話回家去了。

某學官無可奈何，只好請求安士敏勸那個老婦人回去。

安士敏說道：「婚姻大事非同兒戲，哪有隨隨便便就把別人家拋棄了的？假如您肯出錢替人家洗刷羞辱，或許能夠解決。」

某學官又出了四十千銅錢，才得以脫手。他痛恨之極，說道：「我不但損失了金錢，而且剃掉了鬍鬚，真是可惱可恨！」

## 【原文】

逾數日，安報曰：「得之矣！東鄰某婦，青春新寡，美而賢，翁姑奇貨居之，非百金作聘不諧。」官曰：「婦果佳，百金何嫌？須相其人，然後定價。」安曰：「固也，買物猶視貨，況人乎？」諾以某日會館演戲，在廂樓上相之。安乃歸與妻謀，在孤貧院尋一老嫗，陰授之計，命妻於是日華服濃妝，冒作某婦，在樓闌徙倚，流目送媚，飾老嫗作侍人，不即不離，隨身周旋。謀定，引官對樓閒望，安渾渾指曰：「此婦可乎？」安婦固有姿，又加豔飾，光彩動人。官以為是此少婦矣，許之。安又嘗之曰：「百金價高，子細瞧定，一日終身，勿後悔。」官點首者再。歸交百金，訂某日迎親。安蝕金，屆期，裝老嫗置官轎中，鼓吹送署。官喜得美婦，展燕邀客，衣冠俟於堂。及下輿，乃一老嫗。大驚，問安，安曰：「前相者，實此人。非有偽也。」官曰：「俟年少者。」安正色曰：「師勿妄言，前日少婦，乃門生媳婦，伴師母作侍者，錯疑，則名分有礙。」官憤甚，欲吐不可，欲茹不能，盛氣入室去。老嫗乃大言曰：「堂堂明倫官，娶我為妻，有聘有媒，無端見棄，夫婦之倫安在？」遂潑薑百端，闔署震動，安故作忿語去。官無奈，仍邀之來，勸老嫗歸。安曰：「婚姻大事，非同敝屣，可棄便棄，當出錢洗其羞，或可允耳。」官無已，復出錢四十千，乃脫手去。官痛恨之曰：「失我金黃色猶可，且失我須，真惱煞人也！」

清丁治棠撰《仕隱齋涉筆》卷七

民俗與民間文學叢書02　AG0170

# 中國古代機智人物故事選

編　　選 / 祁連休、馮志華
主　　編 / 林繼富、劉秀美
責任編輯 / 廖妘甄
圖文排版 / 楊家齊
封面設計 / 陳佩蓉

發 行 人 / 宋政坤
法律顧問 / 毛國樑　律師
出版發行 / 秀威資訊科技股份有限公司
114台北市內湖區瑞光路76巷65號1樓
電話：+886-2-2796-3638　傳真：+886-2-2796-1377
http://www.showwe.com.tw
劃撥帳號 / 19563868　戶名：秀威資訊科技股份有限公司
讀者服務信箱：service@showwe.com.tw
展售門市 / 國家書店（松江門市）
104台北市中山區松江路209號1樓
電話：+886-2-2518-0207　傳真：+886-2-2518-0778
網路訂購 / 秀威網路書店：http://www.bodbooks.com.tw
國家網路書店：http://www.govbooks.com.tw

2014年7月　BOD一版
定價：270元
版權所有　翻印必究
本書如有缺頁、破損或裝訂錯誤，請寄回更換

Copyright©2014 by Showwe Information Co., Ltd.
Printed in Taiwan
All Rights Reserved

國家圖書館出版品預行編目

中國古代機智人物故事選 / 祁連休, 馮志華編選 . -- 一版.
-- 臺北市 : 秀威資訊科技, 2014.07
面 ;　公分. -- (民俗與民間文學叢書 ; AG0170)
BOD版
ISBN 978-986-326-257-2 (平裝)

1. 傳記 2. 歷史故事 3. 中國

782.2　　103008566

# 讀者回函卡

感謝您購買本書，為提升服務品質，請填妥以下資料，將讀者回函卡直接寄回或傳真本公司，收到您的寶貴意見後，我們會收藏記錄及檢討，謝謝！如您需要了解本公司最新出版書目、購書優惠或企劃活動，歡迎您上網查詢或下載相關資料：http:// www.showwe.com.tw

您購買的書名：______________________________

出生日期：________年________月________日

學歷：□高中（含）以下　□大專　□研究所（含）以上

職業：□製造業　□金融業　□資訊業　□軍警　□傳播業　□自由業

□服務業　□公務員　□教職　□學生　□家管　□其它____

購書地點：□網路書店　□實體書店　□書展　□郵購　□贈閱　□其他

您從何得知本書的消息？

□網路書店　□實體書店　□網路搜尋　□電子報　□書訊　□雜誌

□傳播媒體　□親友推薦　□網站推薦　□部落格　□其他________

您對本書的評價：（請填代號　1.非常滿意　2.滿意　3.尚可　4.再改進）

封面設計____　版面編排____　內容____　文／譯筆____　價格____

讀完書後您覺得：

□很有收穫　□有收穫　□收穫不多　□沒收穫

對我們的建議：______________________________

______________________________

______________________________

______________________________

請貼
郵票

11466
台北市内湖區瑞光路 76 巷 65 號 1 樓
**秀威資訊科技股份有限公司** 收
BOD 數位出版事業部

........................................................................................

（請沿線對折寄回，謝謝！）

姓　　名：＿＿＿＿＿＿＿＿ 年齡：＿＿＿＿ 性別：□女　□男

郵遞區號：□□□□□

地　　址：＿＿＿＿＿＿＿＿＿＿＿＿＿＿＿＿＿＿＿＿

聯絡電話：(日) ＿＿＿＿＿＿＿＿ (夜) ＿＿＿＿＿＿＿＿

E-mail：＿＿＿＿＿＿＿＿＿＿＿＿＿＿＿＿＿＿＿＿